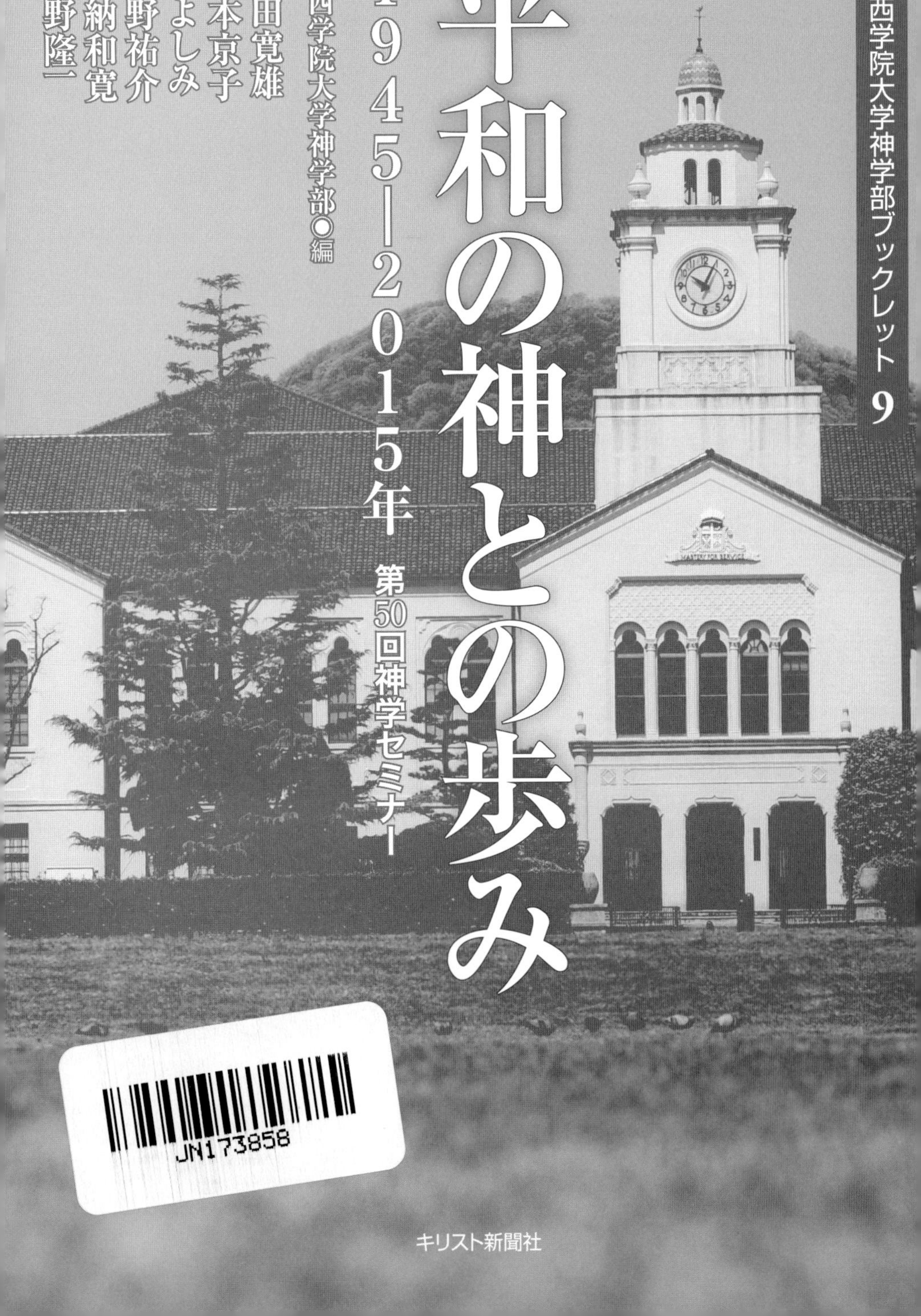

関西学院大学神学部ブックレット 9

平和の神との歩み

1945–2015年

第50回神学セミナー

関西学院大学神学部●編

関田寛雄
奥本京子
東よしみ
岩野祐介
加納和寛
水野隆一

キリスト新聞社

巻頭言

関西学院大学神学部ブックレットは、毎年二月に開催される「神学セミナー」の講演、分科会、礼拝を収録した冊子です。毎年このセミナーでは、教会やより広い社会が直面する問題について、神学者や実務者らがその専門領域から論じ、参加者とともに現代を生きるキリスト者の在り方を分かち合う場を提供しています。

本ブックレットには、第五〇回神学セミナーの様子が収録されています。二〇一五年度は戦後七〇年にあたり、内外で多くの講演会や各種イベントが開催されました。それを横目に、国内では「安全保障関連法案」が可決され、メディアへのいっそうの規制が敷かれました。海外に目を向けると、著しく悲惨で破壊的言説や行為が繰り返されました。この年度を終えるにあたって、私ども神学部はもう一度、戦後七〇年の意義を吟味し確認することが肝要と考え、「平和の神との歩み　一九四五～二〇一五年」と題してセミナーを開催しました。

第五〇回神学セミナーは多くの参加者を迎えて盛況のうちに幕を閉じました。それから本ブックレットが発刊されるまで約一年が過ぎました。この期間に私たちをとりまく環境は、過去五〇年の平和への希求の歴史、また去る記念すべき年をあざ笑うかのように、軍事拡大と閉鎖主義が急速に進んでいるように思われます。二〇一六年秋、山原（やんばる）の森のヘリパッド建設工事に反対する市民に対し、大阪府警所属機動隊員がおぞましい差別語を用いて辱め、これを大阪府知事と沖縄・北方担当大臣が相次いで擁護するという仕方で人権蹂躙が重ねられた事件は、この時代の趨勢を象徴します。

そのような中で私たちは無力感を感じぜずにおられないことも事実ですが、本ブックレットを手にとり、そこに刻まれた平和が成ることへの希望を、私どもと（ふたたび）共有していただきたいと存じます。

二〇一五年度関西学院大学神学部学内講座委員長

目次

主題講演

平和の神との歩み
1945 − 2015 年

関田 寛雄

関田 寛雄（せきた・ひろお）

青山学院大学名誉教授
日本基督教団神奈川教区巡回教師
著書：『「断片」の神学：実践神学の諸問題』（日本基督教団出版局）、『あなたはどこにいるのか：関田寛雄講話集』（一麦出版社）、他。

はじめに

今回の主題は「平和の神との歩み」です。戦後七〇年を迎えましたが、その間の歩み、いわゆる平和論とかそういうアプローチではなく、歩みを語りたいと思います。最終的には「日本の教会の今日的課題」というところに集約してみたいと思います。そこに至るまでの、私の「平和の神との歩み」についてお話しさせていただきたいと思います。

1．一五年戦争とわたし

1　牧師の子として

私は牧師の息子ですので、第二次世界大戦中には非常ないじめを受けました。当時、私の父の寅之助が吹田教会の牧師だった頃、近所に「泉殿神社」という泉の湧く神社があり、そこを通りながら学校に通っていました。ある時、年上の数人の少年に囲まれ、「お前の親父はキリスト教会の牧師だろう」「そうだ」「キリスト教会の牧師はみんなアメリカのスパイなんだ」「お前キリスト教やめろ」と言われたのです。

私が七歳の時に母が召天し、その時に父親に「お母さんがいなくなったから、これからはイエス様に守ってもらわないかん。お前洗礼受けろ」と言われ、七歳で何にもわからないままにクリスマスに洗礼を受けました。ですから、気安くやめるわけにはいかないということで、「やめない」と言うと、足をひっかけられてひっくり返され、暴行を受けたわけです。非常に辛い、悲しい思いがそこにあり、悔しくて、とにかく仕返ししてやろうと思い、家の納屋からバールを持ち出して神社に戻りましたが彼らはもうおらず、神社の立木を殴り殴り、泣きながら帰ってきたことを覚えています。

そんな過去の経験を通して、キリスト教徒という、日本社会におけるマイノリティがその信仰を守っていくためには、大変危険な状態に陥らなければならないということをしみじみと感じました。

2 「軍国少年」として

太平洋戦争開始の年に、私は関西学院中学部に入学しました。中学部ではその数年前から、厳しい軍事教練が入っており、陸軍の中尉であった退役軍人が教師として、毎週二回ずつ軍事教練をしていました。私はなんとしてもキリスト教徒という負の条件を緩和したいという思いで、この際大いに軍国少年になり、軍事教練に励むことによって配属将校に評価されようと考えました。配属将校に評価されていれば、いじめられることはないという打算もあったのです。

そんなことでとにかく軍事教練に励んだ結果、その将校に非常に可愛がってもらい、「お前は中学部を出たら陸軍士官学校に行け。推薦状を書いてやる」というようなことを言われて喜んでおりましたが、やがて肋膜炎を患い一年休学することとなりました。

その後帰校した頃に、まもなく学徒勤労動員が始まりました。園田にあった陸軍衛生材料廠が私たちの職場で、いわゆる軍隊の薬品や医療機械を作っていました。そこで私は班長になり、始業の前に「今日もまた英米撃滅頑張ってやるぞー」というような掛け声をかけて仕事につくわけです。しかしその頃はだんだん戦況が悪くなっており、B29の空襲を受けるわけです。防空壕の中に入っていても、爆弾が落ちてくると振動で上から砂が降ってくるというようなそんな状況でした。衛生材料廠ですから屋根の上には赤い十字が入っていましたが、それでも艦載機やその他で度々襲撃を受けました。

3　敗戦の衝撃と再起への模索

そんな経験をしながら、やがて敗戦です。本当にショックでした。

母校に帰ってきましたが、その時はいわゆる予科練の兵舎になっていたので、クリーム色の校舎が全部黒と黄色の迷彩にされており、全く醜い校舎になっていました。授業はなかなか始まりません。そしてまず命じられたことは、西宮北口駅周辺のがれきを撤去して道路を発掘するという作業です。作業をしているといきなり悪臭が漂い焼死体が何体も出てきたりという、そんなきりきり舞いの何日かを過ごしました。

それで一つ経験したことは、私は勤労動員の班長として、毎朝作業前に「今日も先輩たちが、沖縄の海に『後に続く信ず』という言葉を残して飛び込んでいった。今日も先輩の後に続いて頑張るぞー」というようなことを言っていました。ところが敗戦の後、何もかもなくなってしまったわけです。学校に帰ってきた旧友たちは何も言いませんでしたが、「毎朝ああやって叫んだ関田の心の中には何があるのか」というような彼らからの眼差しをなんとなく感じ、本当に辛い思いをしました。

ついに不登校になり、闇市をぶらぶら歩いてさまようような時がありました。その時に、一八年の弾圧をくぐり抜けて出獄してきた共産党の指導者徳田球一が、いわゆる大東亜戦争なるものは欺瞞、その責任者としての天皇批判を激しく訴えるわけです。一八年の弾圧をくぐり抜けてきた言葉には本当に心に訴えるものがありました。ここに本当の言葉があるというふうな思いでした。私は七歳で洗礼を受けていますから、共産党に入るわけにはいかないと悩みながらも、それでもこの弾圧、苦難の中で、それを耐えてきた人間の発する言葉というものがどういうものかということを知らされました。

どうにかこうにか、学校へ戻ってまいりました。その時に、矢内正一先生の授業に出会いました。

矢内正一先生は英語の先生でした。その頃はもう二年近くの勤労動員でみんな英語を忘れていますから、カーライルとかミルトンの英語を先生が黒板に書いて訳読してくださいましたが、みんなぽかーんとして聞いてたので、先生は「じゃあこの辺で今日の授業はやめて、ミルトンがどんな人間だったか話しましょう。」と言ってミルトンの生涯を話されました。「戦争の中で、失明していく中で、『失楽園』という大作品を残した。大義に生きることの意味はここにあるんだ」というようなことを先生が言われたのですが、私はその時に疑問を感じました。戦争中、「君たちは航空兵を志願しろ！」と言っていた先生が〝大義に生きることの意味〟なんてことをおっしゃるのです。「先生は今、何を考えているのか」という思いで、私は先生に手紙を書いたのです。「先生は今何を信じて生きてらっしゃいますか？」と。

いつもはすぐに返事をくださる先生ですが、二週間ぐらい返事がきませんでした。私は少し先生に失望してしまいましたが、ある英語の時間に先生が「実は、このクラスのある学生からこんな手紙をもらっているが、自分はそれに対してまだ答えられないでいる。というのは、自分も日本の勝利を信じていた。だけれども、思いがけなく敗戦を迎えて、今自分自身がさまよっている。模索している。答えが出ない。そういう状況なので、この生徒に答えることができないでいる」とお話ししてくださいました。

その言葉を聞いて私は、先生は私と同じ苦しみを味わっていらっしゃるんだということを感じ、先生に対するこだわりがスーッと消えていきました。そして先生が最後に、「それでも君たちよりも少しは長く生きている人間として、あえて言うことがあるとするならば、新約聖書のイエスの言葉の中に、『隠されているもので、顕にならないものはない。覆われているもので、明らかにならないものはない。』という言葉がある。今はまだ、本当のことがわからなくなっているかもしれないけれども、やがて本当のことが現れてくる。そのイエスの言葉を信じて、今は勉強を続けようじゃないか」と言われました。その言葉を聞いて私は、「それならば、もういっぺん勉強しよう」という気持ちになりました。矢内先生という人格が語られたその聖書の言葉だから、心を打たれたのだと思います。そのようにして私は復学しまして、勉強を続けました。

4　聖書との出会い

私自身どうしても戦後の教会の礼拝には行けなかった。それは、戦争中は数名の信徒がほそぼそとやってくるし、大方の信徒は疎開で田舎に帰っていらっしゃる。たまたまやってくる求道者という中年の方が礼拝に一回出てくる。しかし実はそれは私服の特高警察で、イエス・キリストの礼拝を始める前に、国民儀礼という、まず皇居に拝礼し、君が代を斉唱し、靖国神社の英霊に対して黙祷をするということを実行しているかどうかを見に来ているというものでした。

そんな状態の中で、戦後は「我も、我も」と教会がいっぱいになるわけです。ある方は、「戦争中は日本の神様が負けた。アメリカの神様が強かったから、これからはアメリカの神様なんだ」と言ってキリスト教会にくるのです。そんな礼拝は礼拝にならないし、牧師の息子として本当に腹立たしく思い、教会の礼拝には出ませんでした。父親は栄養失調で床に伏せていましたので、同僚の先生が取っ替え引っ替えで説教しに来るのですが、私は礼拝に出ずに牧師館の二階でふんぞり返っていました。

すると友人が心配して、「自分の教会に出たくないのであれば、こんな教会に行ってみろ」と言われて、ある教会を紹介してくれました。それはホーリネスの教会でした。そこの教会の牧師が一生懸命に語ったことがあります。「どんなに時代が変わっても、変わらない真理は聖書にこそあるんだ」という言葉です。

その言葉が心に残り、床に伏せっている父のところに行って、「聖書のどこを読んだら、時代は変わっても、変わらない真理がわかるのか」と聞きました。私は牧師の子に生まれたこと恨んでいて、父とは背中合わせの生活していましたが、その時初めて向かい合いました。その時に父が「それじゃ、一緒に聖書を読んでみよう」といって、詩編の五一編を読んでくれました。読んでいくうちに、「神よ我が内に、直き霊を新たに起こしたまえ」という言葉が出てきます。何も無くなってしまった私にとって、そのダビデの祈りがまさに私の祈りになってくるのです。本当にそうだ。そうしてもらいたい、という思いでした。

さらに進んで読むと、「汝の求めたもうものは、砕けたる魂なり。汝は砕かれし悔いし心を、軽しめたもうまじ」という言葉が出てきます。何にもなくなって砕け散った、バラバラになってしまった心が、そのまま神の求めたもう供物なんだ、あらゆることを受け止めてくださる神の求めたもう供物はそれこそ、砕かれた魂なんだ。それを神は決して軽んじ給わない、というところにきて、初めて聖書の言葉で涙しました。

5　牧師への道

それから私の精神生活はガラッと変わりました。やがて私は、牧師の道に進むことになりました。

たまたま青山学院のキリスト教学科に入り、恩師の浅野順一先生に巡り合いました。浅野順一先生は兵役の経験もあり、預言者の研究をずっと続けておれた方ですが、戦後どうしても農村と都市に伝道したいと訴え、農村は茨城県の牛久に開拓伝道を起こされ、伝道師もそこに遣わされました。

私は青山学院を出てすぐに、青山学院教会の伝道師になりました。しかし色々な問題があり、ついに限界を感じて一年で辞めて、代々木上原教会（赤岩栄牧師）に行くことにしました。すると浅野順一先生が心配して、「これから開拓伝道するから手伝わないか」とおっしゃって、実は浅野順一先生に引きずられる形で川崎伝道に入ったのです。

浅野順一という人格に、私は大きな影響を受けました。主日の朝の礼拝があり、午後には役員会があります。体はご老体で相当疲れているはずですが、それでもとにかく夜の川崎までいらっしゃるのです。最初は高名な先生がいらっしゃるということで、二〇名、三〇名と集まりましたが、半年ぐらいするともう一〇名くらいになってしまいました。ある大雪の晩、集まった人は婦人がたった二人だけ。一人は求道者、一人は別の教会の信徒でした。あまりにも人数が少ないので、浅野先生はご機嫌が悪いのではないかと思い、ハラハラしながら見守っていましたが、たった二人の出席者を前に、楽しそうに、渋茶をすすりながらニコニコしておられました。先生がお帰りになる際に、雪の中をバス停までお送りしました。そのころ、美竹教会という先生の教会では、先生の健康を心配して「桜本の開拓伝道はやめろ」という役員会の意見が強く出ていました。しかし先生は「始めた伝道は続けなければいけない」ということで、いらっしゃるのです。疲れてらっしゃる。さらに大雪の日です。バス停で先生がバスにお乗りになる時に、「先生お疲れ様でございました」と言うと、「君、天地が裂けても、礼拝を続けようね」とおっしゃったのです。「大袈裟なことおっしゃるなぁ」と思いました。先生の桜本の開拓伝道にかける情熱、礼拝というものをどう考えていらっしゃるのか。後になって、神学を深めて学ぶ中で、礼拝という営みが〝天地が裂けてもしなきゃいけないこと〟だということが、神学的に本当にわかるようになりました。そういう姿勢の恩師の姿の中に、私は「受肉の言葉のアナロジー」を見ました。そういうところに、「宣教の力」、「伝道のエネルギー」に何があるのか、ということを教えられました。

2. 川崎に遣わされて

川崎に開拓伝道に行き、やがて小さな礼拝堂ができて、そこに住み込んでいました。ある時、夜中に日曜学校に来ている二人の男の子と母親らしい人が訪ねてきました。「どうしましたか」と聞いてみると、「実はうちのアボジが」と言うので、そこで初めて在日コリアンだということがわかりました。話を聞いていくと、強制連行されて川崎に来て、日本鋼管で働いてきたけれども、戦後帰国する機会を失い、朝鮮戦争が始まってしまったもんだから、やむなく日本で仕事を求めて生活しているということでした。ところが、日本の会社で些細なことからケンカになって、「朝鮮人は朝鮮に帰れ」と言われた。「自分が好き好んで日本に来たわけじゃないのに、『朝鮮に帰れ』とは何事か」というわけで、酔っぱらって帰ってきて、包丁振り回して、家の中の柱を切りつけている。危なくて子どもを寝かせられないから、子どもがお世話になっている教会に今夜泊めてもらえないか、ということだったのです。「そうでしたか」ということで、教会のベンチを合わせまして、そこで親子三人泊まってもらったんですけれども、その時にその母親から、川崎南部の工業地帯、桜本を中心に、浜町、大島、池藤という地域が、そういう在日コリアンの四〇〇〇人からの集落だということを聞いて初めて知りました。ここに教会づくりをするということは、駆け込み寺のようなことをやらなくちゃならないんだなぁということを初めて悟らされ、とても重荷を感じました。

実は、私は青山学院のキリスト教学科を修了した時に、指導教授から「新約学の教室に残れ」と言われたのです。ですから、片一方では新約学の教室の助手として、片一方では川崎の開拓伝道という、二足のワラジを履いていたのです。これが本当に、辛くて辛くて。私の同僚には荒井献や佐竹明がおり、彼らはどんどん業績を出しているわけです。私はブルトマンを勉強していましたけれども、なかなか業績が出ない。二足のワラジに本当に苦しんだのです。

どちらか一足にしてもらいたいと思いまして、浅野順一先生のところに「開拓伝道一本化していくか、それとも研究生活一本化するか、どちらかにしてくれませんか」とお願いしに行きました。先生はしばらく黙っていて「君、私はね、三足履いています」と言われました。美竹教会の主任牧師、キリスト教学科の学科長、日本基督教団伝道委員長、その他福祉施設の理事長、いくつか関わっているわけです。それを言われて返す言葉がなく帰ってきました。それからは私なりに二足のワラジを履き続けてきました。

そういう中で、しみじみ思わされることがあります。神学の営みというのは、具体的に追い詰められていたり、痛みを負っているような人との関わり、文脈の中で営む時にこそ、神学が本当の神学になるのではなかろうか。大学の教室の中で営む神学だけが神学ではない。もちろんそれも神学だろうと思いますが、痛み苦しむ民衆と共に関わり続けていることこそが神学の場ではなかろうか。そういうことを教わりました。

1　李仁夏（イ・インハ）牧師との出会い

ちょうど川崎に住み込んで二年経った頃、五分ほど歩いたところにある在日大韓川崎教会というコリアンの教会に、李仁夏さんという牧師が赴任してこられました。一番近い教団の教会でしたので挨拶にこられたのです。その時に自己紹介されながら、「挨拶に来たのにいきなりお願いして申し訳ありませんけれども、お願いがあるのです」「何でしょうか」と聞きましたら、「息子を桜本小学校に転校させようとした時に、その校長が『朝鮮人の子どもに関しては、日本人の保証人を立てろ』と言われた。日本人を誰も知らないので、先生お願いできますか」というのです。そのころ、朝鮮人の子どもは日本の学校に入る時に、日本人の保証人を立てなければいけないという状況だったのです。驚きました。ともかく書類に署名捺印をして入学していただいたわけですけれども、あとで奥様に聞きましたが、お嬢さんを保育園に入れたいという時にも、園長に何度も断られたそうです。それでも、粘って交渉をしたところ「牧師さんの娘さんなら、まぁいいでしょう」という屈辱的な形で保育園に入るのが認められたということを聞かせられました。そのことが李牧師の深い心の傷になっているのです。そのことを知らされて、これが私にとっての課題にもなったのです。

李牧師は日本神学専門学校で浅野順一の教え子でした。ですから、浅野先生が川崎に来ているということで一緒になり、日韓の聖餐式を合同でしようということになったのです。これがまた非常に意味のある集会で、今でも忘れられません。

六九年の聖餐式合同礼拝の時に、韓国教会でやりましたが、礼拝後のお茶の会の時に一人の韓国人の青年が立ち上がって、「自分は滅多に教会に来ないけれども日本人が来るというので教会に来てみた。日本人に聞きたい。なぜ日本人は朝鮮人を見ると犯罪人扱いをするのか」と言いました。その言葉で、賑やかに楽しくお茶を飲んでいた雰囲気がピタッと氷のように凍りつきました。すると、その青年の兄が立ち上がって「日本人のお客様を前に、何を言うんだ。ちゃんと学校に行けばよかったのに、グレたお前がいけないんだ」と、日本人の手前弟を叱るのです。弟は苦笑いしながら、「そうだよな。兄はいつも優等生だったんだ」と言って座ったのですけれども。彼が言うには、小学校六年生の時に給食のお金がなくなったという事件が起こった。その時に、担任の教師が自分を残して「お前がやったんだろう」と言う。全く覚えがない。「違う」と言っても、「だいたいこういうことは朝鮮人がやるんだ」と言われて、泣きました。しばらく職員室に立たされて、夕方になって一人校庭を通って帰って行った。その時に「もう金輪際、学校なんて行くもんか」と思ったと言うのです。それ以来彼は、小学校を出ていませんし、中学も行っていないし、グレたのです。はっきりと言いました。「刑務所に二回お世話になりました。でも、どうしてもわからない。なぜ日本人は朝鮮人と見ると犯罪人扱いするのですか」。その言葉が私の心にはズーッと響いたのです。

川崎での開拓伝道で、この地の大きな課題に立たざるをえなかったのは「民族差別」でした。その時すでに六七年、教団の戦争責任告白が出ていたのです。

2　「戦争責任告白」との出会い

お手元に戦争責任告白の資料があるかと思いますが、この戦責告白はもちろん、内容として不十分です。日本基督教団の設立を「神の摂理」というふうに語っていることは、やはり私は納得できない。教団の成立は罪だったと思わざるを得ません。しかしそういう意味では、戦争責任告白に限界はありますが、それにしても教会の罪を悔い改めたというこの宣言の意味はとても大きかったと思います。

教団の戦争責任告白が出た後、キリスト教諸派がより内容的に充実した告白を次々に出しました。キリスト教のみならず、仏教系の集団においても、次々と仏教者の戦責告白が出てきました。教団戦責告白は、日本の宗教界の戦争責任告白の走りだったという意味では、非常に大事な役割をしたと思っています。内容的に非常に不十分であったことは認めますが、本来ならば戦後教団は解散すべきであった。しかし一緒になることを続けていくならば、二二年という敗戦後の時を過ごしましたが、少なくともけじめをつけなければ、キリスト教会としての伝道・礼拝・牧会ができなかったはずだと思います。そしてやっとこれが出たというところで、これを読みながら私は「これが日本基督教団の本当の始まりなんだ。日本に遣わされている教会の責任的な出発がここにある」ということを、本当にしみじみ考えさせられて、この戦責告白のゆえに私は本当に教団を愛する人間になることができました。これがまた大きな国際的な役割をしたこと等はご存じだと思いますが、そういう中でますますこの教団の戦争中の植民地に対する様々な罪があり、そういうことをだんだん知らされることによって、皇民化、戦争化の先走りをしたような日本基督教団の伝道の政策、そういうことを思いながら、本当に辛い思いをしながら、しかし戦責告白のゆえに、日本基督教団を担っていこうと思ったのです。

日本基督教団という教会が、どのようにして成立したかと言いますと、皇紀二六〇〇年奉祝キリスト信徒大会（一九四〇年）というのがあります。この時の宣言があります。この宣言文を読む時に、組織の保存のために、いかにキリスト教会が絶対的な天皇制支配のもとに、こんなにまで言わなければならなかったのかということがわかります。読むのが恥ずかしいほどですが、神武天皇から始まります。

（資料文書より）

「神武天皇国を肇め給ひしより茲に二千六百年皇統連綿としていよいよ光輝を宇内に放つ光栄ある歴史を懐うて吾等うたた感激に耐えざるものあり。本日全国にある基督教徒相会し、つつしんで天皇陛下の万歳を寿ぎ奉る。惟うに世界情勢は極めて波欄多く、一刻の偷安も許さざるものあり。西に欧州の戦禍あり、東に支那事変ありて未だ終結を見ず、この渦中にありて我国はよくその進路を謬ることなく、国運国力の進展を見つつあり。これまことに天佑の然らしむる処にして、一君万民尊厳無比なる我国体に基くものとして信じて疑はず。今や世界の変局に処し、国家は体制を新たにし大東亜新秩序の建設にに邁進しつつあり。我等基督教徒もまた之に即応し教会教派の別を棄て、合同一致以て国民精神指導の大業に参加し進んで大政（―天皇政治）を翼賛し奉り、尽忠報国の誠を致さんとす。依て茲に吾等は此の記念すべき日に当り左の宣言をなす。」

というように、教団の合同の一致の宣言をします。昭和一五年一〇月一七日。この文書を読んで、戦後あたかも何もなかったかのごとく、どうして宣教・伝道礼拝を始められるかということです。戦争が終わってすぐの一九四六年、その資料の裏に「全国キリスト教大会」―これも青山学院でやったのですが、こんなふうに言っています。

（資料）
「我等は平和の福音を信奉するキリスト者として灰燼に帰したる帝都に立ち今更の如く自己の使命に対する不信と怠慢との罪を痛感し神と人との前に深甚なる懺悔を表明する者なり。」

戦後、いかにも言葉がくるりと変わってしまった。

（資料）

「我等は（三十万）日本全国基督教者を代表し新なる献身と結束を誓ひて十字架を基底とせる新日本を建設し以て真の道義的世界秩序の実現に貢献せん事を期し茲に左の綱領により三年計画新日本建設キリスト運動を展開せんとす。」

賀川豊彦をはじめとする人たちがリードしてここに始めるわけですが、決議のところです。

（資料）

「我等はキリストの福音による日本教化を期す。」「我等は全力を尽くして餓死に瀕しつつある八千万同胞の救援に努力せんと期す。」

八〇〇〇万。ここでは、朝鮮半島の貧しさ、台湾のこと、沖縄のことがはぶかれています。二〇〇〇万はどこに行ったのでしょう。そういう状況、この意識の中で、敗戦後の宣言をしているのです。

このようにして、日本基督教団が戦中から戦後にかけて、言葉を発する信仰、イエス・キリストに対する信仰において、どんなに大きな過ちを犯してきたかということは明らかです。そのようにして、この戦責告白というものが、どれほど教団にとって大事なものであったかということを改めて思います。

3　民族差別との闘い

さて、そのような形で民族差別に直面しながら李牧師が亡くなるまで、四九年、私は彼と一緒に川崎で、伝道・宣教のこと、人権のことについて歩んでまいりました。その中でもいくつもの、とてもここでは申し上げることはできない程多くのことを経験しました。

一例を挙げますと、一つは日立電気での民族差別です。朴鐘碩（パク・チョンスク）という韓国人の在日青年がいました。彼は一二回就職試験を受けて、全部はねられていました。やむなく日本名で日立を受けると、一発で入ったのです。一週間経って、戸籍抄本を出すように言われ、彼は「自分は在日だから戸籍はない」と言うと、「名前を偽って入社試験を受けた」ということで解雇されたのです。ちょうどその頃、外国人登録法の改正問題で、学生たちが色々と署名運動をしていました。彼はたまたまその場所に行き、「実は自分は日立から首を切られた」「こういうことがあったんだ」と、ある学生に話したところ、「これは日本人の問題だ」ということで、朴鐘碩君の日立の就職差別の問題を受け止めたのです。それからこの日本人とコリアンの学生たち、教会も含めて、大きな民族差別に対する裁判が始まりました。七〇年でした。この時、西片町教会の役員の方で、中平健吉という素晴らしい弁護士がおられ、その方の尽力のおかげもあり、四年経って全面的に朴鐘碩君の勝利が決まりました。その時に李仁夏先生が、カナダ・アメリカに日立製品の不買運動を呼びかけました。これが日立にとっては痛かったようで、すぐに和解を申し込んできたのです。しかし和解ではなく、きちっと日本の裁判でけじめをつけようということで、日立が全面的に敗訴したのです。勝利が決まって明日判決が出るという時に、川崎の在日教会での感謝祈祷会で長老の方が前に立って、「自分はこの裁判についてはずっと反対だった。朝鮮人が日本人と争って勝った試しがない。はじめから負けることがわかっていたから、やめろと言ってきた。けれども今日この日を迎えて、本当に若者たちがよくやってくれたと思う」と言って、「よくやった、よくやった。カムサハムニダ（ありがとう）」と深々と頭下げたのです。韓国で長老が、深々と若者に向かって頭下げるなんてことはありえないことです。その時に礼拝堂に集まった人たちから、すすり泣きが起こりました。泣きながら、それに引き続いて力いっぱいの賛美歌を歌われました。あの時の本当に感動的な瞬間を、私は決して忘れることができません。

もう一つは指紋押捺の場合です。韓国人の中学生たちは一六歳になると指紋を押さなければいけません。それは本人確認のためと謳われていますが、実は八割が犯罪予備軍の捜査をするために指紋を使うのです。それを嫌がって子どもたちは「指紋押捺は嫌だ」と言っているわけです。それを学童保育の責任者である李相鎬（イ・サンホ）君が「自分が拒否しなければ、子どもたちに慰めを与えることはできない」ということで、拒否したのです。これは八〇年代の大きな運動になりました。ところが、伊藤三郎という川崎の市長がなかなかの人物で、「外登法の側に問題があるから、川崎市に在住する外国人市民は、指紋押捺を拒否しても市としては告発しない」ということを宣言しました。これは新聞沙汰になり、在日外国人に非常に大きな勇気づけを与えました。そのように、市長が告発しないと言っているのに、法務省の方では面子がありますから、川崎臨港警察が李相鎬君を逮捕したのです。電話がかかってきて、李牧師と一緒に「それじゃあ、川崎臨港警察署に抗議に行こう」ということで、保育園の若いオモニたちと一緒に二〇人ほどで、警察の前でささやかなデモをしました。李先生が一番前に立って、私は後ろの方から、保母さんたちとついていきました。そこの角を曲がったら警察署に行くというところの角に立って、李先生が「関田さん。一緒に歩いてください」と言いました。ハッとその時に感じました。かつての植民地・朝鮮において、警察権力というものはどんなに恐ろしい力だったか。李先生はそれを経験しています。日本人の私に、一緒に歩いてくれと言われました。その時に思いました、「あぁ、申し訳なかった」と。李先生と腕を組んで、警察にまいりました。機動隊が門を抑えていて、中には入れない状態です。李先生が「市が告発しないというにも関わらず、警察の逮捕は違法だ」と言って、「署長を呼んでくれ」と言いましたが、署長はいないというので、「関係する責任者を呼んでくれ」と言うと警備課長を呼んできました。在日外国人問題については、市民課ではなくて警備課が担当するのです。そういう状況の中で、李先生は抗議文を読みました。その後ろで保育園の職員やら若いアボジたちがドラや太鼓を持ってきて、どんちゃん鳴らして「李相鎬！　頑張れー！」と叫ぶわけです。それが逮捕されている李相鎬君にも響いていて、「力強く励まされた」と言っておりました。ともかく、そういう中で在日のオモニたちは勇気があると言いましょうか、おまわりさんに向かって、「おまわりさん、トイレ貸してちょうだいよ。これ人権問題よ」と言うのです。そうすると、さすがに警察官も門を開けるわけです。そうすると、次から次へと若いオモニたちがトイレ使うために入っていくわけです。そんなこともあって、夜は市の職員組合の講堂で「李相鎬君を支える緊急集会」が開かれ、李牧師が聖書の言葉を引用しながら、人間の人格的尊厳性について、そして日本の外登法の問題、川崎市の懸命な決断について語りました。

一挙に四〇〇人ぐらい集まりました。そこへ、李相鎬君の弁護士がやってきて「留置所にいる李相鎬君から言付けを預かってまいりました」ということで読まれました。「私、李相鎬は〝鳩のごとく素直に、蛇のごとく賢く〟戦います」これは聖書の言葉です。イエスの言葉でしょう。まるで伝道集会みたいになりました。みんな大拍手の集会を経験いたしました。そういう戦いの中で指紋押捺制度が改められました。

4　公害問題の取り組み

そのようにして川崎の課題に関わってきたわけですが、もう一つ大きな問題は、川崎の大気汚染の問題です。日本鋼管をはじめとして、当時六〇年代の終わりから七〇年代の半ばにかけて、大変な問題となっていました。いわゆる鉄鉱石を石炭で燃やし、鉄分を抜いたその残った殻を溶鉱炉から落とすわけです。その時の衝撃と熱で粉塵が舞い上がるわけです。日本鋼管を中心に半径五キロの周辺は、毎月九〇トン以上の粉塵が降下するという川崎市の報告がありました。そういう中で、私の息子も喘息になってしまいました。大師病院（肺気腫・肺ガン・喘息などの公害病患者の専門の病院）にその数千人という数の患者さんたちが関わるようにありました。ある日、川崎市民の公害問題についてのセミナーが開かれました。

その時に、水俣病患者の代表で川本さんという方をお招きして、水俣の公害状況について話をしてもらいました。川崎と水俣との連帯を図ったわけです。川本さんが講演の最後に言われたのが、「自分も、せめて高等学校を出ていたならば、窒素にあんな真似はさせませんでしたよ」という話でした。「せめて高等学校だけでも出ていたら」という川本さんの言葉が私の心に焼きつきました。毎年何百人もの大学生を教えている私にとって、川本さんの言葉が本当に心に焼き付きました。

それ以来私は、青山学院で毎年四月に開講する初日の講義のはじめに、いつも川本さんの話をしました。そして「この大学の中で君たちは、どういう知識を学ぼうとしているのか。知識の方向性がなければならない。人間解放に向かう知識なのか。それとも人間抑圧に向かう知識なのか。はっきりそのことを認識して学んでもらいたい」というようなことを、毎年開講最初の言葉として申してまいりました。

5　ホームレスの叫び

やがて私は、川崎での開拓伝道の場所を新しく開発しました。大学の紛争が始まり、神学科の教員が青山学院大学紛争の中で主役をなしているという理事会の判断で、教員を辞めさせるために神学科を廃科しました。私は青山学院を辞めなければいけなくなり、それじゃあ桜本教会は後任の方にお譲りして、もういっぺん開拓伝道始めようということで、戸手という多摩川の近くに移り、そこで第二の開拓伝道を始めました。

多摩川の河川敷に四〇〇人からの在日の集落がありました。そこでまたもや、在日との出会いがあったのです。河川敷の中で出会ったのは在日、特に朝鮮系の方々、もう一つはホームレスです。川崎の駅の周辺での七〇〇人からのホームレスがたむろしていて、多くは多摩川の河川敷にテントを張って、小屋を作って生活しています。その方々の中で、九州・飯塚出身のホームレスの方と親しくなり、そこからまた大きな伝道の弾みが与えられたわけですが、時間がだいぶ過ぎますので今は省きます。ホームレスの方々は、中学生ぐらいの子たちからひどいいじめを受けます。中学生がロケット花火をホームレスの小屋に向かって打つわけです。危険だから逃げていく。そういう方々との交わりの中で、教育委員会との話し合いもやりました。

3. 日本の教会の今日的課題

1　宿命的課題としての天皇制

私は、日本のキリスト教会にとって、またミッションスクールにとってもそうですが、課題は「天皇制の問題」だと思います。日本という国は明治以来、近代化してきました。その時ご存じのように、福澤諭吉が脱亜論を語りました。つまり、アジアの悪友と縁を切って、先進的欧米の文化の人々と交わるということを、福澤諭吉が主張しています。そこに日本の近代化における「アジア蔑視」がすでに始まっているのです。

さらに、大久保利通をはじめとする明治の指導者と言われる方々が、明治の政府の建設のために欧米視察をしました。その時に、欧米には国民統合の原理としてキリスト教があるということを発見しました。しかし日本にはそれがない。日本としては国民統合の原理に何をするか、ということで神道と天皇制を持ち込んだのです。ですから、日本の近代化は国民統合の原理として、「国家神道」と「天皇制」が根幹になっているということです。その天皇制を明治憲法では「神聖天皇」とされているわけです。戦争中、その神聖天皇のためにどれだけ多くのことが悲劇的な事態にさらされてきたかはご存じの通りです。もちろん、現在の明仁天皇ご夫妻は人間としていい方だと思います。フィリピンを訪問されたり、日本の戦争の跡を訪ねて、まずは戦争被害の国のために礼を尽くし、日本の戦争犠牲者のために祈りを尽くしたりという、そういう点では大いに立派な方だと思います。しかし天皇制という制度は利用されるということ。それが、今日の右翼の発展とヘイトスピーチにつながってくるわけです。

2　教会と国家の関係

私は、日本のキリスト教がキリスト教である限りは、日本の近代化の根幹となっている権力の中枢にあるもの、これとどう対峙するか。これが宿命的な課題だと思っております。その点はこの戦争中にさっき言ったような、キリスト教会がとにかく組織の保存のために国家権力に寄り添って、自己保存のために信仰を曲げてまで国家に服従した時に「一体教会とは何なのか」ということが問題になります。教会と国家の問題、これが日本の教会の神学的課題として大きな問題であると思います。このテーマを抜きにして、日本の教会の伝道はあり得ないと思います。

特に、聖書の教えに従いますと、サムエルが民衆の要求によって王政国家を作ることになった（サムエル上八章）。その時に、サムエルは神に問うています。神の答えは「今は、民の声に従え」と。

「王政国家がどのような痛ましいことをもたらすか、やがて彼らは悟るだろう。しかし、今は民に聞け」ということで、王政国家が作られました。サムエルはサウルを立てて最初の王にしました。その時に王の権力の暴発を防ぐ意味で、預言者の制度を作っているわけですね。そこに、旧約聖書における、民族共同体と王政国家の問題が出てきているわけです。そのことを踏まえて私たちは、国家というものの必要悪としての性格を知らなくてはいけないと思うのです。もちろんカール・バルトが、「政治的神奉仕」ということを申して、国家に仕えろと言っていますが、その意味は、国家が間接的に神の意志を行う限り、国家を大事にするべきだということです。そういうバルトの本来的意図は、国家の相対化です。これをはっきり認識しながら、しかもその相対性の中で、その人民へのあり方を巡って、時に批判的に、時に協力的に国政に参加するということが教会のあり方であるということなのです。

　ところで日本基督教団の伝道ということを考える時に、戦後の六〇年代に入った時にいわゆる「非神話化運動」が生まれました。聖書の神話論的な思惟を乗り越えて、近代的な合理的な時代において改めて神話の意味を捉え直そうという、ブルトマンの問題提起がありました。そこから伝道ということについても、いわゆる聖書の神話的部分を非神話化して、実存論的に解釈していこうという主張が始まったのが当時の神学です。しかしブルトマンにしても、実存論で始めていながら、イエス・キリストの事件についてはケリュグマ神学に転化している。その点では、実存論を徹底して、ブルトマンを超えていった八木誠一さんの発言の方が私は一貫していると思います。実存論で一貫している。しかしブルトマンは神学者ですから。キリストの啓示の一回性を言わなければいけない。そこにブルトマンにおける「非神話化の不徹底」とよく言われるわけです。

いずれにしても伝道ということを考える時に、「非神話化論」とか、教会の権威をふりまわして伝道を進めるような傾向が今広がっています。権威的なアプローチでもなく、非神話化のアプローチでもなく､何が最も伝道にとってふさわしいアプローチか。私が考えるところによると､「受肉の言」なるイエス・キリストに出会うこと。即ち「受肉の事態」とそのアナロジーこそが、最も力ある伝道力になるのではなかろうかと思います。ある人格において受肉している言葉。つまり言葉が肉体となっている。そういう人格の事実がものを言うと思います。つまり、伝道者が伝道者としての生き様、立ち居振る舞い、その中にあって何に関わっているか。たとえば西成、川崎の桜本、東京の山谷、横浜の寿町などが現場であるとかよく言われていますが、私は現場というのは「空間概念」ではなくて「関係概念」だと思います。都市の真ん中にあろうが、山の手の上にあろうが、うんと地方の教会であろうが、「そこで誰とどういう関係を結んでいるか」。それが現場だと思います。痛み、苦しみ、うめいている、具体的な人間との関わり、そこに現場がある。その現場で神学をする、聖書の黙想をする時に、そこから解放の言葉が生まれてくると思うのです。

3　「受肉の言」の熟成

したがって、伝道の最も大事なポイントにあることは、イエス・キリストの受肉のアナロジーに徹するということ。〝「受肉の言」の熟成〟と書きましたが、そこにおいてたとえ言葉としては貧しい説教しかできない、という牧師であっても、その人の立ち居振舞い、誰と関わっているか、傷んでいる人間とどのように関わっているか、解放を求めている人間にどのように傍にとどまっているか。そういうこの受肉の現場が最も大事な伝道力になると思うのです。そこにおいて語られる言葉、そこに生まれてくる言葉、それを超えるものはない。

かつてニューヨークのユニオン神学校の黒人の教授が日本に来ました。黒人の説教の講演を聞いて、川崎の在日の群れが「自分の息子を本名（民族名）で学校にやっていることは良かったんだ」と心から喜んでおりました。そして、ユニオン神学校の黒人の教授の言葉が、小学校も卒業していない在日の母親の心を力強く支えているという、この現実。そこに「誰と共に歩んでいるか」ということの中に、福音伝達の場があるのではなかろうか。「受肉の言」こそ、今日の伝道の最も貴重なコミュニケーションの力になるというように考えています。分かりやすくすればいいというものではありません。幾つも口語訳の聖書が出ましたが、わかりやすくするということではなく、言葉との出会いを大事にするということです。表現がわかりやすくなれば伝道できるか、そういうことではないと思います。どのようにして、聖書の言葉との出会いが生まれるか。そこに介在するのは人格です。そういう言葉を語る人格です。そのような「受肉の言」の中で、私は伝道が広められていくだろうと思います。

4　宗教間協力の必然性

さらに宗教間の協力。最近は「宗教間対話」とよく言われています。私にとって宗教間対話とは、教理の突き合わせとか伝統の理解の突き合わせとかいうことよりも、どのような文脈に立っているか。人間解放という文脈に立たない宗教間対話は無意味です。救済論でもって色々と議論する意味はあると思いますが、もっと大事なことは人間解放という文脈の中に一緒に立っているかどうか。そこでもって、お互いの宗教的遺産の中には、どういう人間解放の遺産があるのか示してくれ、我々の場合の人間解放の遺産はここにある。そのような人間解放というような遺産を、提供し合うことによって学び合う。それぞれの人間解放への力を互いに養い合う。そこにこそ宗教間対話の意味があろうかと思います。教理の突き合わせとかわかり合うとか合理化とか、そんなことではなく、ましてやこの頃、包括論とか対決論とか色々言われます。けれども、大事なことは、イエス・キリストという特殊に固着することによってこそ、普遍のことばが生まれてくる。これがバルトから学んだことです。ですから、なにか色々な宗教がやがては総合するような話は、論外です。イエス・キリストに固着するということ。その中にあって人間解放のエネルギーを出し合い、また分けてもらえる。そういうところで、特殊なるイエス・キリストに固着する中でこそ、解放の遺産を提供し、丸裸にできる。お互いの宗教の特殊な伝統を出してもらいたい。それぞれの宗教の特徴を出してもらいたい。そこから普遍的な対話ができると思います。人間解放を文脈にするということ。その時にこそ、宗教間対話の意味があると思います。

5　ユーモアのセンス

「文字は殺し、霊は生かす」という言葉があります。そのように、今少しくキリスト教界の中にユーモアがあって欲しい、というふうに思います。

私が山田洋次監督さんと『信徒の友』で対話して以来、彼との対話が続いています。例えば、『男はつらいよ』の映画の中に出てくるユーモア。それは福音の世俗的な表現だと思っています。ユーモアの奥には寅さんの涙があるのです。その悲しみを経たユーモアということにこそ深みがあり、そこにこそ慰めがあると思うのです。なぜイエス様が「幸いなるかな、悲しむ者」と言われたか。悲しむ者こそが慰めを得、そこでもって本当の慰めが、世のうちに展開していくということではなかろうか。牧会の現場において、ユーモアがどんなに大事かということを思いました。

むすび——北村慈郎牧師免職をめぐって

最後に結びとして、私は現在日本基督教団の北村慈郎牧師が免職にされているということについて関わっており、北村牧師を支える会の運動の代表になっています。

北村慈郎牧師がなぜ免職になったか。よく「オープン聖餐式をしたから」というふうに言われています。しかし実はそうではなく、北村慈郎牧師が日本基督教団の総会において十数年論議してきた沖縄教区との合同の時に、本当の意味での合同だったのか。それとも、大きな教団の中に小を、大が小を飲み込んでしまったということではなかったか。沖縄の独特な歴史、苦難、悲しみを本当に理解するものだったのか、ということが十数年問われてきました。ところが、ある議長の時に、時間切れ廃案という、論議したことさえなかったことにしてしまったのです。それで議長の壇に登って「せめて時間切れ廃案ではなく、継続審議とか別の扱いをしてくれ」と抗議されました。

その後、教団の総会で聖餐式が行われました。「沖縄教区を切り捨てた上で、聖餐式にあずかることはできない。」ということで、北村先生はその聖餐式に出ませんでした。そのことを常議員会で「なぜ聖餐式に出なかったか」と批判されまして。「お前のところの紅葉坂教会は、オープン聖餐やっているだろう」ということで、「じゃあ、オープン聖餐について語れ」と言われて、そして非公式の記録もされない常議員会の場でもって、北村牧師は「オープン聖餐は自分の数代前の牧師からやっている。そのことの教会的な理解としてはこうだ」と話をしたわけです。非公式で記録もとっていない会だったのにも関わらず、ある牧師から信徒たちは唆されて彼を教師委員会に訴えたわけです。教師委員会の方としては、前々から問題提起される北村牧師を排除しようという動きがあったため、待ってましたとばかりに委員会で決をとり、免職公告を出したのです。

日本基督教団の戒規には四段階あります。①戒告に従わない。②三回戒告して従わない場合には停職する。③停職してまた三回いうことを聞かない場合には、免職。④そのさらに三回聞かなかった場合に除籍、除名です。四段階あるはずが、最初から免職に入ったわけです。つまり、北村牧師を異端者としてレッテル付けするためにオープン聖餐を利用したということです。本当は教団の沖縄問題について時間切れ廃案にされ、それに対して抗議をしたことが今回の免職の原因になっているわけです。オープン聖餐の問題を利用して教団の権力が彼を排除した。そういう点でこれは人権問題だというふうに考えております。その意味で、別室に、北村先生の問題について理解していただいて、支えて応援していただく署名がありますので、できれば署名いただければ幸いです。

平和講演

平和を創る

奥本 京子

奥本 京子（おくもと・きょうこ）

大阪女学院大学国際・英語学部教授
東北アジア地域平和構築インスティテュート　運営委員長

平和紛争学、紛争解決・転換学、非暴力介入論、平和ワークにおける芸術アプローチ、ファシリテーション・メディエーション論などを研究・実践。
著書：『ガルトゥング平和学入門』（法律文化社）、『平和ワークにおける芸術アプローチの可能性』（法律文化社）、他。

はじめに

普段、お話しさせていただく機会がある場合は、「講演」というと緊張しますし一方通行形態ですので、「ワークショップ」とさせてください、とお願いすることにしております。できるだけ参加者の皆さんと交流しながら、議論・対話しながら、ときどき体を動かしながら、ということをやりたいと思っております。

「平和学」をやっております。ひとまず、「平和紛争学（peace and conflict studies）」と呼ぶことに致します。「平和」という言葉には、結構いろんな解釈があって、手垢がついてしまっていると思います。ひとそれぞれにいろんな歴史を持たせたり、ニュアンスがあったり、偏見だったりということが付きまとう言葉でして、「平和学」というと「あぁ、それはたぶんこんな事ね」というふうに、各自でそれぞれの思いを持たれるようです。定義が違うとちょっと話が混乱する場合があって、それだったらもう「紛争学」とか「平和紛争学」とか言うことにして、「なんじゃそりゃ」と思っていただけるところから入った方が、対話を始めるには良いかと思ったりしているところです。

「平和学」「平和紛争学」を通して、今日は「創る」ということにこだわってみたいと思います。ときどき、私たちの社会では、「平和がやって来るのはいつだろうか」という具合に、平和というものをパッケージのように捉えて語ることが多いのではないかと思います。ユートピアというか、みんながとてもハッピーで仲良く暮らしているという世界・条件がどこかにあって、それがいつポコンとやってくるのか、そんな短絡思考のような捉え方です。そこには、平和をとても静態的なもの、スタティック（static）なものとして捉えている私たちがいるのではないかという気がしてならないのです。かたや「暴力」というのは、とてもダイナミック（dynamic）に、動態的に捉えられていて、「暴力」というのはそれだけでメディアは取り上げますし、それが売れますし、私たちはたとえば暴力を題材にしているハリウッド映画なんかに釘付けになるわけです。そのとてもダイナミックな「暴力」というものに対して、平和というものはスタティックでつまらないものに思える、ひょっとするとそういうことを私たちは無自覚に許容しているのではないかという気がするのです。その反省に立ちまして、平和をダイナミックに捉え、平和とは私たち自身によって創り出されるものであると、また、そのプロセスそのものが、実は平和そのものなんだという感覚でお話しさせていただきます。その理解に立ち、「平和を創る」というところに少し焦点をあてていきたいと思います。

大風呂敷を広げましたけれども、時間も限られていますので、活動紹介にとどまるかとは思うのですが、一時間半でどんなことをしたいというのをリストに並べてみました。私たちは、アジア、特に東北アジアの中で暮らしています。そして、いろいろな紛争（コンフリクト）—歴史的、政治的、経済的、軍事的など—を抱えています。

私の師匠の一人、ヨハン・ガルトゥングという人は、ノルウェー出身の平和学者ですが、彼は

「もし引っ越して、一緒に協力して住まなくてすむのであれば、それはそれでいいんじゃないの」というわけです。つまり無理やりみんなと仲良くしなければならないとか、みんなとお友達にならなくてはいけない、そういう道徳的なことを平和というのではなく、そこにどうしても一緒に暮らさないといけないという現実がある時に、共存・共生する方法を見つける必要がある、と言います。「仲良くケンカしましょう」――これは私の言葉ですが――仲良くケンカするということを「対話」と呼びたいと思いますが、共存・共生するためにちゃんと対話ができるということが大切なのではないでしょうか。

東北アジアというのはお互いがお互いの隣に暮らしていて、簡単に引っ越して互いを忘れるというわけにはいかないのです。そういう状況の中で、私たちは国際関係もそうですが足元の関係を、身近な人との、そして、社会との関係をどう捉えるかということを考え続けていきたいと思います。

今日は、「平和を創る」として、どんな作業や地道なことが必要なのかということに触れたり、キーワード「積極的平和」「消極的平和」「非暴力」「対話」という言葉を使いたいと思います。「積極的平和」ということが随分と社会の中で聞こえてきます。現在の政治において大声で叫ばれている「積極的平和主義」というのは、平和学でいうところの「積極的平和」とは全く逆方向を向いていています。ですから、この時代になって「積極的平和」は、一応は押さえておかなければいけないと思っています。このように、少しワーク（アクティビティ）を入れたりしながら、みなさまの考えておられることも聞かせていただきながら、進めていきましょう。

1．ＮＧＯ活動の紹介

まず最初に、私は大学で教員をしながら、その合間にＮＧＯ活動をしていますので、少しそこから紹介したいと思います。「ＮＡＲＰＩ（ナルピ、東北アジア地域平和構築インスティテュート）」というグループでは、日本・朝鮮半島・中国本土・台湾・モンゴル、それからなかなか活動を一緒にできていないのですが東ロシアも共に、この地域を「東北アジア」と捉えて、その市民、教育者、学生、ＮＧＯスタッフが集まってきて、毎年夏に二週間の合宿を、東北アジアのどこかにおいて、実践しています。

二〇一一年度に、その第一回目のトレーニングを、南コリアにて開催しました。ソウルとインジェ（非武装地帯に近い民間人統制区域）にある合宿所にて、一週間ずつ滞在して、みんなで実践的平和トレーニングをやりました。このトレーニングというのは、先ほどの「平和を創る」に直結するのですが、実践的な平和のスキル・技術を身に付けてもらうものです。あるいは、経験豊かな平和ワーカーにとっては、お互いにスキルを磨き上げるということでもあります。たとえば、紛争解決の方法―先ほど「仲良くケンカする」と言いましたけども―というのは、お互いがしっかり対峙して、しっかり対話して、しっかりとケンカすることで、その技術を学ぶ必要がありま す。小さな子どもたちを相手にワークショップをする時は、「仲の良いケンカの仕方を教えます」

というスタイルでやっていますが、しっかりと相手の言う事を聴く、こちらも聴いてもらう、そしてその先に何を創り出せるかを共同プロジェクトとして考えていったりします。「いじめ」の問題は昔からありましたが、近年日本社会においても対策・解決が重要だと言われてきていると思います。その点では、南コリアのほうが制度的に進んでいるのではないかと思いますが、ＲＪ（Restorative Justice：修復的正義）という手法があります。これは、加害者と被害者の関係をしっかり捉えなおして考えていく、関係性の修復をしていくというようなことですが、そういったトレーニングをやってみたりします。また、平和教育のトレーニングとして、平和教育をどのように展開すればよいか、「平和教育」と銘打たずとも教育をどんなふうに平和的・非暴力的に捉えて、それを創って実践できるか、というプログラムなどもあります。それから私がよく担当するのは、「芸術アプローチ」というものです。演劇の手法を使ったり、歌ったり踊ったり絵を描いたり図画工作みたいなことをしたりしながら、「平和を創る」というプロセスを模索します。このように、いろんなトレーニングのコースを提供して二週間たっぷり一緒に暮らして、食べて、寝て、家族のようになります。

二〇一〇年に広島で実験的に四泊五日の研修を行い、二〇一一年には南コリアにて本格的に始めました。その後、何年か続いて実践してきているのですが、ソウル・インジェの次は、二〇一二年には広島で、そしてまた非武装地帯のインジェに戻ったのが二〇一三年です。二〇一四年は南京で、二〇一五年はウランバートルで、そして二〇一六年八月には台湾・台北でやろうとしているところです。ウラジオストックなんかにも行きたいと話していますが、二週間合宿スタイルでホストをしてくださる人を見つけるのは、実際とても難しいのです。夏休みのうちの二週間たっぷりのプログラムですし、そしてその準備期間もいろんな人たちと作り上げていく作業を要しますから、かなりしんどい仕事になりますので、なかなか鍵になる人がいなくて、そこはもがいているところなんですけども、今までなんとか進めてきています。

特に、南京は面白かったです。場の持つエネルギーというのでしょうか、負のエネルギーも含めてですけど、いろんな人々がいろんな想いを持って集まってきているのが、結果として大変建設的な場になり、良かったです。日本から来た人たちは、学生をリクルートするときなんかもそうですが、「南京に行きませんか」というと、「ちょっと考えます」と言ってしばらく考えた後メールが来て、「なぜ南京ですか？　中国はほかにも場所があるんじゃないですか？　南京にわざわざ行ったところで、ネガティブな要素が余計にネガティブに発展しませんか？」という心配の相談メールをもらったりして、「だからこそ行くんですよ」という話をして、来てもらい、その学生はとても生き生きと活動をしていましたけども、確かにとても重いんですよね。南京のその場にいろんなものがあって、そこをただ単に見ないようにしましょうというのではなくて、その重いものをしっかりとそれぞれの地域から来た東北アジア人が一緒になって担いで、一緒になってケンカして、一緒になってああだこうだ言いながら、そしてお互いをケアしながら二週間過ごす、というのはとても良い体験でした。

ひとつひとつ話すと時間がなくなるのでちょっとだけ写真をお見せします。これは、ルカサというワークショップの一シーンです。ここにいる女性は、いわゆる「脱北者」です。トレーニング合宿への彼女らの参加は、他の私たちにとってとても貴重な経験になりました。信頼関係が生まれてくると、同時に深い対話が生まれます。他にも、いろんな手法を用いてトレーニングをやっています。これは、サークルプロセスという手法で、ゆっくり座って、一時間から二時間、とにかくしっかり話を聴くという時間を過ごしているところです。

2. 平和を創る仕事とは

平和を創る仕事というのは、どのように分類されるかを、簡単な形で紹介したいと思います。ここで示すように、平和活動・研究・教育／トレーニング・広報／普及というような種類に分類できるだろうと思います。それぞれに大事な役割があり、実践するといったって中身がなければむやみやたらにでも実践できないわけですから、その基盤となる研究をしたり、反対に実践に基づいて理論化したりするわけです。

1　平和ワークの種類

一番最初の「活動」について少しお話します。「紛争現場への非暴力介入」と書いてあるのは、たとえばガルトゥングが中心となってやっているトランセンドというＮＧＯでは、紛争の現場に調停者（mediator）として入っていって、―ピースワーカーと言ったりもしますけれども―いろんな当事者の話をひとつひとつ聴いて聴いてとにかく聴いて、信頼が構築されたころにみんな一緒のテーブルについてもらって、さらに解決に結び付けていくというようなスタイルのワークを指します。非暴力介入にもいろんなスタイルがあるのですが、調停の現場では、例えばトレーニングの形を取ることがあります。今日は特に紹介しておかなければと思っていたのですが、キリスト教・メノナイトの平和研究者であり実践家である米国のジョン・ポール・レデラックという人は、メノナイトのグループの中からチームを組んで現場に行ってトレーニングを実践したりするのだそうです。そのトレーニングというのは、参加者はその現場に―たとえば中南米などのコンフリクト―での武力紛争のただ中において、武装勢力グループなんかも含めた当事者の人たちに来てもらって行います。トレーニング・プログラムを通して、敵対する人たちが一緒になって紛争解決の訓練を受ける事で、その場できちんと対峙し合うというか、それを通して理解していくという、トレーニングと紛争解決の活動がオーバーラップしているようなスタイルをとる場合もあるというふうに聞いています。

2　非暴力介入の種類

次に見ていただくのは、非暴力介入の種類を「調停」「非暴力直接行動」「和解」というふうにざっくりと分けたものです。「調停」そして「和解」などを促進するのは、トランセンドやガルトゥング、レデラックなど、世界中にいる縁の下の力持ちによる仕事です。こういう人たちは、ニュースのトップにあがってきたり、「私の業績です」なんて言って大きな顔をしないのですね。

コンフリクトの主役はあくまでも当事者であって、その陰で下支えするという役割をする人たちなので、あまり知られていないと思いますし、さっきも言ったように暴力、武力紛争というのはとてもニュースになりやすいし、売れるんですけども、平和のニュース（ピースジャーナリズム）はあんまり発達していなくて、私たちの世界においてはあまり取り上げてもらえません。

おまけに次の「非暴力直接行動」は、特に取り上げてもらえないです。ひとつの例は、非暴力平和隊（Nonviolent Peaceforce）というＮＧＯでしょう。このグループは、今まさに暴力が起ころうとしている紛争の現場に出かけていって、そして今まさに起ころうとしている—たとえば子どもたちの誘拐とか何か暴力的な—ことを、丸腰（非暴力）で出かけていって、間際で止めるという仕事などをするＮＧＯです。ただ、この人たちの「成功」というのはまったくニュースになりにくいわけです。たとえばスリランカとか、フィリピン・ミンダナオの紛争現場に入っていって、村祭りの最中にパトロールして、「非暴力平和隊」のゼッケンをつけて巡回するわけです。「私たちはこういう仕事をしています」と地域住民にお知らせするわけですけども、ウロウロしてフレンドリーな存在を示すわけです。武力紛争下においては、村祭りのようなイベントでは、子どもたちが誘拐されるということも多いそうです。そういった人たちをとにかく見張る、「私たちはここにいますよ」ということによって手出しができないようなメカニズムを作っていく、というようなことをするのだそうです。ただ、「こういうふうに成功しました」って言わないいん（言えない）ですよね。「本来何人誘拐されるはずだったところを私たちは防ぎました」ということが、なかなか証明し評価されにくいことがあって、「非暴力直接行動」というのは、結果として何も起こらなくて当たり前、というところを目指しているとも言えますので、この評価というのは難しいのだと思います。ですが、非常に重要な平和の仕事です。

それから直接的な目に見える暴力がいったん収束した後に「和解」という作業がとても大事になります。トラウマを癒したり、根本的に紛争を転換するなどとして、人間の関係性を修復する、そういった仕事がとても大事になるだろうと思います。

3　暴力についての時間と局面

今すこし言いかけたのですが、ここでの「暴力前、中、後」における「暴力」というのは目に見える暴力として理解していただけたらと思いますが、実際にその暴力が起こってしまうその前にも必要な仕事があるはず、またその最中の仕事があるはず、その後の仕事があるはずということで、これらを組み合わせながら、平和のワーク（peace work）というものが展開するのであり、少なくとも展開する必要があると考えています。それぞれの現場でそれぞれの組み合わせでどういう方法が、どういうアプローチが効果的なのかということが、平和紛争学の中ではもっともっと研究されなければならないというふうに考えています。

4　暴力の定義

暴力／平和

暴　力	直接的暴力（DV）	構造的暴力（SV）	文化的暴力（CV）
平　和	直接的平和（DP）	構造的平和（SP）	文化的平和（CP）
消極的平和（NP）	DVの不在（休戦・砂漠・墓場）	SVの不在（搾取の不在・構造の不在）	CVの不在（正当化の不在・文化の不在）
積極的平和（PP）	DPの存在・構築（協力）	SPの存在・構築（衡平・平等）	CPの存在・構築（平和の文化・対話）

先ほどから紛争とかコンフリクトとか言っていますが、その概念に入る手前で押さえておきたい概念について少しお話します。「暴力」を、平和学では「直接的暴力」「構造的暴力」「文化的

暴力」の大きく三つに分ける事ができます。もちろんそのほかにも定義がなされる事が可能だと思いますけども、まずはこれに沿ってお話しします。「直接的暴力」というのは目に見えるような暴力で、加害者の意図がはっきりしている場合に起こります。この「意図」というのはかなり大事なんだと思います。加害者が、私がこの人に対して、この国がこの国に対して、一定の加害を行うという認識がある、それを「直接的暴力」と呼んでいます。

「構造的暴力」というのはとても見えにくい暴力ですけれども、しかしインパクトは絶大で、「直接的暴力」に引けを取らない、というと変ですけど、それぐらいとても重要な種類の暴力になるかと思います。「構造的暴力」は、加害者において認識・意図が非常に薄いというか、見えないというか、そういうものを指します。たとえば戦争の最中に、アウシュビッツなんかも例として挙げられると思いますけど、そこでずっとルーティンワークになっていた人殺しという大きな暴力は、それを実践していた人たちにとっては日常となっていたということは、改めてここで言うまでもなく、よく言われることです。その人たちは明らかに暴力の加担者なんですけれど、どうもその人たちの認識はずいぶん薄かったんだ、ということがその後にいろいろと議論されていますね。ですから、「構造的暴力」というのは、差別であったり―偏見が形になって差別化に繋がっていくのでしょうけども―という構造の中で、たとえば企業の中とか、組織、大学なんかもそうでしょうけど、その中で知らず知らずのうちに起こってしまう暴力のことを指します。

「文化的暴力」というのは、それら二つを正当化、あるいは合法化する暴力です。「戦争なんてしょうがないよね。人間ってどっかで攻撃性があって、悪い奴もいるから懲らしめてやる必要もあるし、戦争だってしょうがないよね」というような考え方です。というのは、結果として「直接的暴力」とか「構造的暴力」が助長するのを助けてしまう、正当化してしまうということになるからです。あるいは、「私は関係なくてよかった」という考え方・感じ方ですね。「日本は難民の問題はあんまり関係なさそうだから良かった」というような、私の問題ではないというような感覚というのも、結局「直接的暴力」「構造的暴力」につながっていくということになります。ですから、「暴力」の説明をするときは、特に「構造的暴力」や「文化的暴力」の話をすれば、結局全部自分に返ってきてしまうということがあって、大学の授業の中でも一番苦しいところなんですけど、まずはこのように捉えておきます。

5　平和の定義

「平和」も同じように捉えることができます。「直接的平和」「構造的平和」「文化的平和」です。

私は、今日のこの場は「直接的平和」であると思っています。実際に、平和についてみなさんで一緒に考えていきましょう、話を聞いてくださる場を作りましょう、ということでセッティングしてくださったので、明らかにこれは「直接的平和」の現場だろうと思います。ただし、「文化的平和」については、この場はどう機能しているんでしょうか。実は、正直に言うと、私、今、なんだか居心地が悪いと感じています。それは、一方的に話をするのは苦手なんですよ。それで、たぶん、みなさん感じてくださっていると思うんですけど、お顔を見て、目があって、ほっとしてるんですけれども、なんかこう一方通行的な感じが、本当に文化的平和なんだろうか、と感じるところがあって。私が一方的に話していることによって、「そんなこと分かってる。くどいから次行って！」とか、「それに対してはこういう意見持ってるねん！　これ言いたいねんけど、とりあえず講演みたいな形で聞くことになってるから、黙っといてあげるよ」みたいなこととかが、生じていないか。見えないけれど、ここでもいろんなことがきっと起こっていると思っていて—それは当然で自然なことです—それをその瞬間に一緒に共有できないということ、そのことが、なんとなく居心地が悪く感じてしまうという、そんなことなんです。この場に対して文句を言っているのじゃないです……。正直に言っておいたほうが、残りの時間も過ごしやすいかな、と思って言っただけです。「文化的平和」とは、いろいろなことを押し殺さないで、対話を通して共有するという発想それ自体だと思います。

「暴力」と「平和」を構造的に分けて見ていくときに、もうひとつ有名な「平和」の定義があります。それは「消極的平和」と「積極的平和」です。ヨハン・ガルトゥングが平和学を展開してきた中で、一九六九年に提示した定義として、一番有名なものはこれだろうと思います。またその頃にでてきた、「構造的暴力」という概念も—その時はまだ「文化的暴力」というのはなかったんですけども—有名な概念であると思います。

今のこの時代、「積極的平和（positive peace）」というのを、安倍さんのせいで弁明して回らないといけないというのが、平和学関係者の仕事になっていますけども、平和学の「積極的平和」は、安倍政権の「積極的平和主義（proactive contribution to peace）」とは真逆の概念です。

しかし、「積極的平和」の前に、ひょっとしたら「消極的平和（negative peace）」こそが、今とっても大事なのかもしれないと、仲間たちとよく議論します。今、日本の社会をいろんな形で軍事化が進んでいて、様々な形で戦争がリアリティを帯び始めています。実は、学生たちに五〜六年前に戦争の話をしてもピンとくる感じはなかったんですけども、ここ何年かの政治の動きのおかげで、戦争ということが彼女たちの中でピンとくるようです。この問題は大事なんだ、ということがすぐに受け止めてもらえるようです。こんな時代ですから「消極的平和」すなわち「暴力の不在」、様々な暴力がないという意味においてのネガティブ・ピースはとっても大事になってきているかなと思います。日本国憲法の第九条というのがまさにこれで、戦争しないと言っているわけですから、暴力の不在のことを謳っているんだろうと思います。これを今しっかりと捉えなおさないと、大変まずいのかなという感じがします。

もうひとつ、先ほど触れた「積極的平和」ですけれども、これは、三年前までガルトゥングは「平和の存在（presence）」というふうに捉えていたんですが、二〇一二年ぐらいからはっきりとビルディング（building）と言い直し始めました。「構築」するんだ、と言うわけです。この表にあるそれぞれの種類の平和の構築の全体を「積極的平和」と捉えていて、今日私がみなさんと話し合ってみたいなと思っている、まさに「平和を創る」ということですね。それから、毎年夏にやっているナルピの合宿のトレーニングですね、その「創る」という作業、そのプロセスそのもの、一緒にケンカしながらでも、一緒にいてもがいて関係を作り上げていく、そこがまさにダイナミックな平和の在り方というところに繋がっていくなと思っているわけです。安倍政権の「積極的平和主義」は、基本的には武装主義・軍事主義による、不信に基盤をもつ安全保障という名の、国際的（米国を中心軸とした）協調・同調のことを指していますから、まったく違う文脈のことになります。

6　紛争・対立（コンフリクト）について

「平和」と「暴力」についての簡単な説明をさせてもらい、もちろん、平和は大事と言いたいんですけど、しかし「平和を創る」といっても、じゃあ具体的にどう動いたらいいの、ということになると思います。「挨拶しよう」とか「仲良くしよう」ということはもちろん当然なんですが、もう少し技術的に、あるいは社会の中の構造として、作り上げていくためにはどんなことができるのかな、と考えたときにコンフリクト（conflict）という「紛争・対立・葛藤」という概念が、実はとっても役に立つということを実感しています。このスライドのように、コンフリクトはこんなふうにざっくり捉えまして、目に見える部分と見えない部分とに分けて見ることができると思います。たとえば、さきほど東北アジアの平和なんて言いましたけども、日本の首相が八月一五日に靖国神社に参拝するということになると、目に見えてわかる部分として、「火花が散る」わけですね。アジア・太平洋諸国の人たちが―もちろん、われわれも―ちょっと待てよ、と思うわけなんですが、その瞬間、コンフリクトのありさまが、可視化されて出てくるわけです。いわゆる歴史教科書問題とか、従軍「慰安婦」問題とか、そういう時に、パッパッパと出現するわけですけども、根っこは一緒なんだろうと考えます。一緒と言ってしまうとあまりに簡略化してしまうことになりますが、目に見えなくて、臭いものに蓋をして、ずっと七〇年以上しのいで・ごまかしてきた日本社会、あるいは日本文化が抱えているそのゴチャゴチャが、こういったものを時々生み出しているんだというふうに、コンフリクトの根っこを捉えます。ですから目の前にある「〇〇問題」と言われるようなコンフリクトを解決しましょう、というのも大事ではありますが、それと同時に、見えにくい根っこのところを根本的に転換・変容（transform）させてしまおう、形を変えてしまおうというふうに考えることが肝要です。コンフリクトの扱い方が上手くいけば、平和的・非暴力的ないろんなものが発展的に生まれてくるだろうし、ここの扱いに失敗すれば、また武力衝突をしたり、相手を傷つけ合ったりということが起こるんだろう、というふうに考えるわけです。

ですから、暴力と平和の関係性を考えたときに、例えば、一本の線を引いて、向こうの端っこが「暴力」で、こっちの端っこが「平和」で、と理解するとします。「平和が来たらいいね」という他人事のような話として捉えるのではなくて、一本の線の端っこの「平和」のところではなくて、また、「暴力」のその強烈なのがある向こうの端っこでもなくて、たぶんここの間の大部分のグレーゾーンのところが私たちの暮らしているところだ、という捉え方をしたとします。このグレーゾーンで私たちが生活している中で、コンフリクトが生まれたということになれば、それを丁寧に扱って、出来るだけ「平和」の側に私たちが寄っていけるように、そのコンフリクトを活用し作業するというような捉え方をしたいと思っています。

3. オレンジの練習問題

一方的に話すことを早く終えて、みなさんにお声を聞かせていただきたいと思います。ここまでにお話ししたキーワードを意識しながら、老若男女誰に対しても必ず一番最初にやる紛争転換ワークをやらせてください。とってもシンプルで、とってもお遊びのようなんですけども、私これ何百回とやっていますが、飽きないんです。とっても示唆に富んでいると思いますし、アレンジが利くので、ぜひみなさんそれぞれの現場でまた使っていただければと思う「オレンジの練習問題」です。方法は、周りを見渡していただいて、三～四人の仲間を作っていただくとありがたいです。もしよかったら少し動いていただいて相互に確認していただいて、声が聞こえるところまで近づいてグループを作ってください。もし知らない同士でも、ぜひこれを機会にお知り合いになってください。おしゃべりをしていただきたいと思うのですけども、多分ここにはとても「偉い先生」もいると思うのです。学生さんもいらっしゃると思うので、ひょっとして気が引ける方がいらっしゃるんじゃないかと思います。お互いに誰かしゃべってない人がいないか、ケアしていただければありがたいです。「あなたはどう?」という具合に振ってあげてください。できるだけ楽しんでいただきたいというのが一番のポイントですから。まず、オレンジの練習問題を紹介しますので、最初に五分ぐらい話し合ってほしいのです。そしたら、こちらからちょっと介入します。その後に、もう少し話し合っていただくことになるかと思います。

さて、オレンジが一つだけあります。七歳の男の子が二人います。
たったそれだけの状況です。
どんなことが起こり得るでしょうか。

アイデアをたくさん出してください。こんなことも起こりうるだろうという可能性をいっぱい出してください。ではどうぞ。

・・・話し合い中・・・

では一回介入させてもらいます。皆さんが話し合っているところを巡回させてもらったら、結構いろいろと出ているようなので、いくつか紹介してもらいたいんですけども、一つのグループの中から、「こんなのが出たよ」というのを二つずつくらい、いかがですか。

・勝負をして、配分を決める。

・踏んづけて、誰も食べられない。
・一房ずつ分けておいて、一房ずつじゃんけんをして勝った方が食べる。
・つぶして楽しむ。
・オレンジじゃなくて、うまい棒の方がいい。
・一人が「あげる」と言うが、もう一人が「いや俺もいらない」と言う。
・（お腹が減ってないから）無視する、放っておく。
・ジュースにして、分け合って飲む。
・ヨーグルトに添えて、分け合って食べる。
・興味がない（一人が、あるいは両方とも）。
・ケンカをして取り合う。
・力の強い方が、独り占めする。
・どうやって分け合うか、話し合う。
・キャッチボールをする。
・食べられるかの安全を確認する。
・だれの所有物かを確認する。
・話し合うけども、どうでもよくなる。
・皮をむいて、汁を顔に飛ばしあう。
・持って帰るかどうかを相談する。

・お見舞いに持っていく。
・お腹がすいている人にあげる。
・売る。
・大人が介入して、持って行ってしまう。

いろいろ出ているんですけども、もうひと押し、遊んでいただきたいと思います。

オレンジがあって、子どもが二人です。だけど、もちろん世界は広いので、いろんな人たちと関わっていくことができるし、いろんなものが存在するわけですから、もっと広がった状況の中でこの問題がどんなふうに展開するだろうかというのを、物語を作っていただけるといいなぁと思います。必ずしもこうしてくださいというのではないんですけれども、ひとつのやりやすい例は、〝ある人が、「昔々あるところに七歳の男の子二人とオレンジが一つありました。」一人目が、それに物語をつける。また三人目がそれに物語をつける。〟というのをグルグルやっていくと結構突拍子もない変なのが出てきますが、しかし、それが現実になればいいよね、というのもあったりするので、そういうクリエイティビティ（創造性）というんでしょうか、お遊びの感覚も入れながら、ちょっとストーリーを作ってみてください。

・・・話し合い中・・・

・昔々あるところに、七歳の男の子二人とみかんが一つありました。二人の男の子はどちらもみかんを食べたいと思っています。片方の男の子のお母さんが、手を洗ってから食べなさいと言うので、二人は手を洗いに行きました。その間に鳥がやってきてみかんを食べてしまって、男の子が「手を洗ってる間に、鳥が持って行っちゃったじゃないか」と文句を言います。それに対する反論で、鳥がまだ口にみかんをくわえていたので「追いかけよう」という意見が出たんですが、「空飛んでるから無理でしょ」というように、言い合いになってしまう。そうしていると鳥がくわえていたみかんを落として、種が流れて、それを子どもたちが見つけて植えて、芽が生えてくるように、二人でお祈りをしました。

・一人の男の子は日本語が通じないので、いつもむしゃくしゃしていて友達ができなくて、人への関心を示すためにいじわるばっかりしていました。もう一人の男の子は日本人。二人は言葉が通じないんだけど、二人の間にあるオレンジを見つめあって、「日本語では『オレンジ』っていうんだけど、あなたの国ではなんていうの？」といって、その男の子の国の言葉で「オレンジ」と言います。言葉は通じないけれども、相手に関心を持つというか、つながるきっかけをオレンジが作ってくれました。

・二人でボール遊びをしました。ボール遊びに使われたオレンジは、もまれて甘くなりました。ボール遊びにつかれ、オレンジの皮をむきました。均等に分けられないことに気づいて、一緒にジャムを作りました。それを家に持って帰って家族みんなで食べました。

4. 紛争解決のしくみ

1　紛争解決の五つの点

ここで、トランセンド理論を引きながら説明します。

紛争解決の5つの点

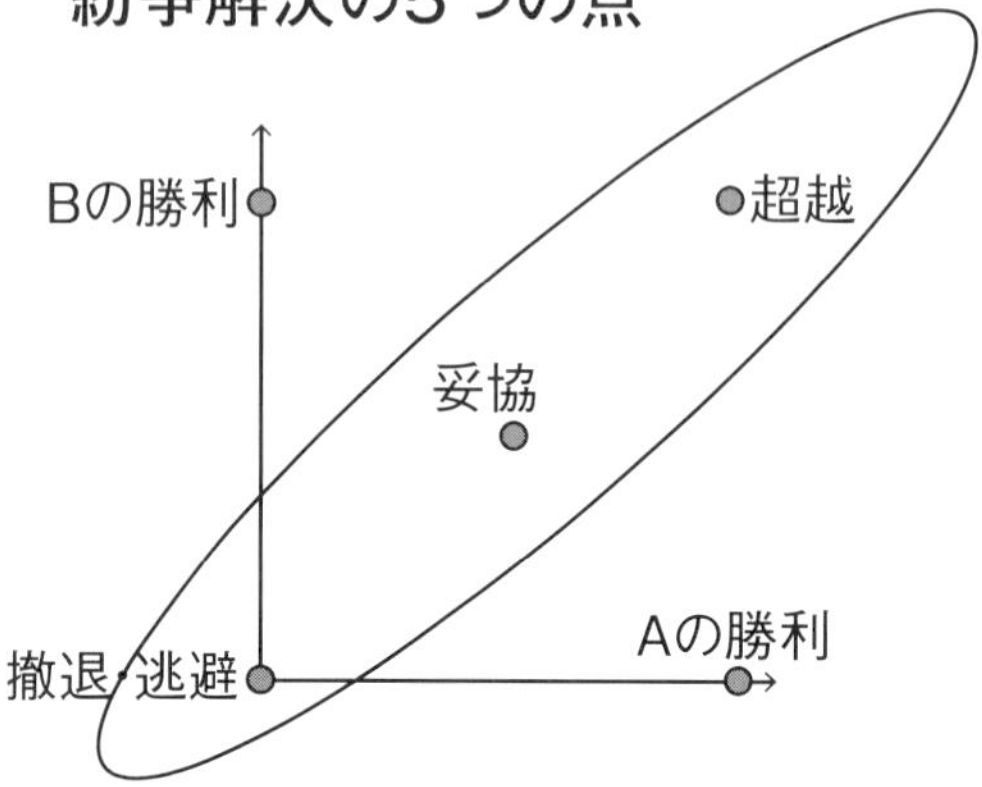

「Aの勝利」「Bの勝利」というのが端っこにありますね。これは何で測るかというと、もともとそれぞれの当事者が持っていたゴール・目標、あるいはニーズ・必要といったものが満たされたときに、高いところまで行くというふうにとらえていただければいいです。「Aの勝利」「Bの勝利」というこの二つの点は、それぞれの当事者が初めに掲げていた目標が達成されたことを意味します。真ん中の「妥協」は、半々とか五分五分とか、あるいは四対六だったり三対七だったりとかして、「妥協」の範囲はもう少し大きいかもしれませんね。それから左下には「撤退・逃避」と書いています。右上には「超越」と書いています。多かれ少なかれ紛争解決の理論というのは、こういう形になっていて、「超越」という用語は、トランセンド理論が使っている言葉で、少し独特な言葉です。

考えていただきたいのは、オレンジを何らかの形で「半分こ」するというのは、どこにあたるか。「妥協」にあたりますね。オレンジがうまいこと五対五に分けられなくて、三対七や四対六になっちゃったとしても「妥協」とみなします。あるいは分けるにしても、実と皮という（見方によりますが）悲しい分け方ということもあるかもしれない。それは「妥協」か、どちらかの「勝利」か、もともとの目標を聞いてみないとわからないですね。その子たちは、もともと何が欲しかったのでしょうか。

「無関心」というのが発表されましたけれども、「もともとオレンジなんか興味ないねん」という場合は、それを入手することが大事ではないわけですから、もともと紛争が起こっていないということになりますね。だからここにあてはめられないということになりますね。そこに問題がないということになります。

かったというふうに、考えることができるかもしれません。「ケンカしているうちに関心がなくなった」なんていうのは、「撤退」ですね。

「マーマレードを作る」というのはどこにあたると思いますか。「超越」でしょうか。「妥協」と「超越」の間くらいに位置するでしょうか。

「撤退・逃避」はどういうケースだと思われますか。みなさんがお話ししてくださった中にあったでしょうか。例えば、コンフリクトそのものから撤退するという場合です。これは、特に状況がヒートアップしたときに、すごく大事なポイントになります。ヒートアップして、つかみかかってケンカし始めようとしてしまったというような場合は、取り合えず、明日もう一回戻ってきて話の続きをしよう、ちょっとクールダウンしよう、という――時間制限つきですけれども――「撤退」というのは大事なポイントになるんです。

いろんな物語を出していただいてどんどん展開していってハッピーエンドのお話がたくさん出てきたので、それらは「超越」のお話だったなぁと思うんですけど、私たちは紛争解決とか紛争転換（conflict transformation）が大事にしているゾーンというのは、ここの帯になると考えます。どちらかが勝利して、どちらかが泣くというのは、それはあまりよろしくないでしょうと思うので、現実は「妥協」と「超越」の間をウロウロすることが結構多いかなと思います。個人レベルでもそうですし、国家レベルでもそうです。

2 「超越」の例

オレンジの話だけだとポイントが分からなくなりますので、一応わかりやすい成功例をあげておきます。二〇世紀後半、エクアドルとペルーの間で戦争が三回あったのだそうです。この戦争の理由は、エクワドルとペルーの間の国境線をどこで引くかという話でした。森林地帯で、人がそれほど住んでいなくて、もう三回も戦争してみんな飽き飽きしてきたというか、そういう意味で条件が整ったというか、「もうほんとに解決したい！」という機運が盛り上がって来ていたところに、同時多発的に出てきたアイディアの一つが、師匠ガルトゥングによるものでした。ガルトゥングが言うには、エクアドルの大統領とご一緒する機会があったのだそうです。「君は紛争解決の専門家だと聞いているけど、あなたならどんな方法を提案しますか？」と言われて、「この国境線を引かなければならないという、ウェストファリア条約以来の国民国家システムからちょっと飛び出してみたらいいじゃないですか。私たちは国境というものは線を引くものだと思い込んでいますけど、ある意味、それに足元をすくわれている部分もあるから、これを線ではなくてゾーン（地帯）でとらえてみてはどうでしょう。ちょうどそこは森林地帯なので、National Park ならぬ、Binational Park はいかがでしょうか。国立公園は一つの国によって管理されますが、二つの国が一緒に共同管理する、二つの国による公園という位置づけにして立ち上げて、もしうまくいけば、そこに国際会議場なんかを作って、世界中の様々な武力紛争、戦争をやっている当事者がやってきてそこで紛争解決するような、そういう機能を持った建物を建てる、などはどうでしょう」等々、いくつか提案したんだそうです。そのとき、ガルトゥングはエクアドルの大統領に「いいアイディアだけど、まぁ三〇年はかかるね」と笑いとばされちゃったと言っていました。ただし、機運が高まったと言いましたけれども、当時、あちこちでそういうよく似たアイディアが出ていたようで、結局、その案が実現したそうなんです。私は、まだ現地に見に行ったことはないんですけど、結局、三年後に実現したんだそうです。「みんなの発想が追いつくまで三〇年かかるよ」と言われたことが、三年で実現したと、いうことです。「線じゃなくてゾーンでとらえる」という、たったこれだけの発想なんですが、ちょっと飛び上がってみることが大事です。これを「知的なジャンプ」と私たちは言いますが、ポーンと飛び上がってみる、ということを、考え続けながらやるわけです。

3　紛争転換のフレームワーク

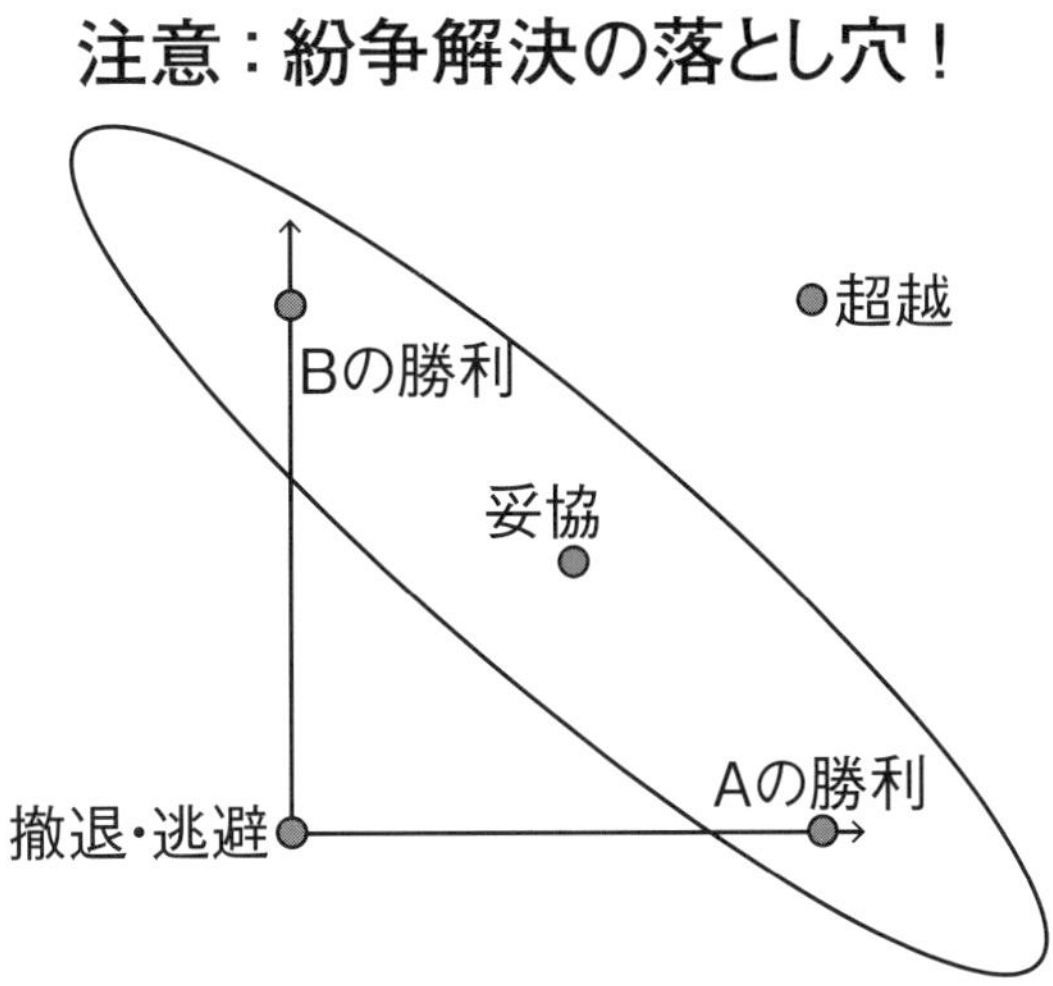

ここで、五つの解決点の図の「落とし穴」について、すなわち、勝ち負けの発想に引っかかってしまうことについて、指摘しておく必要があるでしょう。国際政治のいろいろを見ていますと、また、法律の世界なんてまさにそうだと思うんですけど、どっちが勝つか負けるか、といった勝敗の価値観に囚われること、また、「手を打つ」といった意味の「妥協」もあると思うんですけど、「これで仕返しなしよ」という発想でもって物事を捉えてしまうこと、などです。この貧困な発

想のゾーンではなくて、先ほどの発展的なゾーンでとらえる発想を大事にしたい、トランスフォーム（transform）するという発想を大事にしたい、と思います。勝ち負け発想における「妥協」は、さっきのトランスフォーム発想の「妥協」とは質的に全く違います。立体的に表現したほうがいいかなと思うんですけど、平面の上をずっと行くのではなくて、「超越」地点にまで上がっていく線上に「妥協」があるのかなと、こちらの場合はとらえたらいいと思います。

オレンジの話に戻ります。私たち、竹島・独島の問題とか尖閣諸島の問題とか、「北方領土」の問題とかいろいろ抱えているといわれていますが、そういうことも意識しながら考えてみたいと思います。オレンジの場合、「超越」の物語というのは、どういう要素が必要でしょうか。個人レベルの話と国際レベルの話をごっちゃにしたらそれは違うよ、という意見もごもっともだと思いますが、基本的にはコンフリクトの構造そのものは、ミクロでもメゾでもマクロでもメガでもどのレベルでも基本は同じだ、というふうに紛争解決学では考えています。もちろんその条件がいろいろ違うなど、この表だけでは描ききれないことは、当然のことながらたくさんあります。実際の場合、AとBしか当事者がいないなんていう紛争は、ほとんどないですよね。身近なレベルでも二人しか関わらない問題なんて、意外と無いですよね。この表は、発想であり分析のツールです。理論の話になりますが、三人、四人、五人、あるいは見えないゴーストのような存在の人が、実はコンフリクトに絡んでいる場合があって、さっき親の言いつけを内面化しているというお話もありましたけど、そういうこともよくあったりするので、これはあくまでも頭の整理・分析のためのツールと考えていただけたらいいと思います。

今日紹介させて頂いたのは、「難民問題」とか「領土問題」とか「従軍『慰安婦』問題」とかそういう問題一つ一つを議論するということではなくて、今日お伝えしようとしているのはあくまでアプローチ、あるいはメソッドです。これを「難民問題」にあてはめて考えていくことができる、あるいは「領土問題」にあてはめて、「従軍『慰安婦』問題」にあてはめて考えていくことができる、考えたらどうだろうかと議論できるわけです。そういうフレームワークを紹介させていただいたつもりです。

さいごに：「平和を創る」ということ

さきほどの「超越」ですけども、たとえばさっきの、種が木になって実がなってということも「超越」のひとつの展開になるだろうと思いますし、またここから二人の関係性がスタートする、そのあとに言葉の壁を乗り越えつつ、あるいはお互いの国の言葉を勉強しつつもっと展開するということもあるだろうし、これはすべてプロセスなんですよね。「平和を創る」というのはプロセスそのものであって、そのダイナミズムそのものが平和であるというふうに捉えたいと思います。「こういう条件が整ったら平和です」といったものではなくて、状況は悪いかもしれないけど、だけどここで私とあなたがちゃんとつながって対話しているんだとか、対話する気があるんだとか、「さあ次どうする?」という状況が生まれつつあるんだとか、その構築（building）そのものが平和のプロセスそのものだと捉え直して、さきほどの「超越」地点を探すということを共に実践していきたいと願っています。

参考文献：

・『平和的手段による紛争の転換【超越法】』ヨハン・ガルトゥング著、奥本京子訳、伊藤武彦編、平和文化、二〇〇〇年。
・『非武装のＰＫＯ―ＮＧＯ非暴力平和隊の理念と活動』君島東彦編著、明石書店、二〇〇八年。
・『平和ワークにおける芸術アプローチの可能性：ガルトゥングによる朗読劇 *Ho'o Pono Pono: Pax Pacifica* からの考察』奥本京子著、法律文化社、二〇一二年。
・『ガルトゥング紛争解決学入門：コンフリクト・ワークへの招待』ヨハン・ガルトゥング著、藤田明史、奥本京子監訳、トランセンド研究会訳、法律文化社、二〇一四年。
・『北東アジアの平和構築：緊張緩和と信頼構築のロードマップ』豊下楢彦、澤野義一、魏栢良編著、大阪経済法科大学出版部、二〇一五年。
・http://www.transcend.org　トランセンド国際ネットワークウェブサイト
・http://www.transcendjapan.net　トランセンド日本（トランセンド研究会）ウェブサイト
・http://www.narpi.net　東北アジア地域平和構築インスティテュート（ナルピ）ウェブサイト
・http://www.nonviolentpeaceforce.org/　非暴力平和隊（国際）ウェブサイト
・http://np-japan.org/　非暴力平和隊・日本ウェブサイト

分科会1

平和と聖書学

東 よしみ

東 よしみ（あづま・よしみ）

関西学院大学神学部助教
国際基督教大学教養学部卒業、東京大学大学院総合文化研究科地域文化研究専攻修士課程修了、同研究科博士課程退学、エモリー大学大学院宗教学部博士課程修了（Ph.D.）

この分科会では、平和と聖書学という問題について考えます。旧約聖書ではヘブライ語シャロームは約二三〇回、新約聖書ではギリシャ語エイレーネーは九二回使われています。新約聖書では、第一ヨハネの手紙を除くすべての文書においてエイレーネーという用語が使われています。このような数多い用例から、聖書において平和という概念が重要なものであることは明らかです。にもかかわらず、聖書学という学問分野において、平和という主題を中心的に扱う研究は驚くほど少ないのです。なぜ、平和という、聖書においても現代的においても重要なトピックが、聖書学者たちによってこれまで十分に探求されてこなかったのか。この問い自体が興味深くかつ重要なものですが、今日はこの問いへの答えを考えることはしません。

今回は、幸いにも、見つけることができた新約聖書学の研究者による優れた文献を皆さんにご紹介したいと思います。Willard M. Swartley, *Covenant of Peace: The Missing Peace in New Testament Theology and Ethics* (Grand Rapids: Eerdmans, 2006) [ウィラード・M・スワートリー著、東京ミッション研究所訳『平和の契約――福音の聖書神学的理解』(東京ミッション研究所、二〇〇六年)」です。邦訳では原著のいくつかの章が省略されています。今日は限られた時間しかありませんので、邦訳から主要な議論を紹介した上で、簡単に問題提起をしていきます。

まず、著者ウィラード・スワートリーは、合同メノナイト聖書神学校(AMBS)の新約聖書学教授で、物語批評を用いた福音書の研究を専門とし、平和研究をライフワークとしています。本書の主張を一言でまとめるならば、平和のヴィジョンとその重要性は、首尾一貫して新約聖書全体を貫いている、というものになります。方法論的には、著者は平和という語が用いられるテキストの分析を中心に、関連する多様なテーマを扱うテキストをも考察します。今日は、著者の議論の中でも特に重要な意味をもつ、一章と六章の議論を簡単に紹介します。

まず、一章「イエスと平和――神の国の福音」で著者は、神の国、福音、平和という、三つの相互に関連するテーマに焦点をあて、平和をつくることが、イエス・キリストによる神の国の福音告知の中心的な構成要素であると主張します。そして、平和の福音の告知は、イエス自身の宣教理解と、初代教会によるイエスの宣教理解の双方において決定的な役割を果たすものであり、旧約聖書にルーツをもつものであると議論します。まず、最も重要な旧約聖書テキストして著者があげるのが、イザヤ五二章七節です。

イザヤ五二・七
いかに美しいことか
山々を行き巡り、良い知らせを伝える者の足は。
彼は平和を告げ、恵みの良い知らせを伝え
救いを告げ
あなたの神は王となられた、と
　シオンに向かって呼ばわる。

このテキストには、①良い知らせ／福音、②平和、③神の支配という三つのキーワードが含まれています。また、「神の国」という用語は用いられないものの、著者は、アラム語のタルグムは、七節後半を「あなたの神の国が現される」と訳すことを指摘します。「良い知らせを伝える」という動詞は、七十人訳では「福音を告げ知らせる」（エウアンゲリゾマイ）という動詞の分詞形が使われています。著者はここで「福音を告げ知らせる」ことの目的、そしてその結果として、「平和」そして「あなたの神は王となる」ことが考えられていると指摘します。

また、イザヤ五二章を補足する箇所としてイザヤ六一章一－二節aをあげます。

イザヤ六一・一－二a（新改訳）
神である主の霊が、わたしの上にある。
　主はわたしに油を注ぎ、
貧しい者に良い知らせを伝え、
　心の傷ついた者をいやすために、
　わたしを遣わされた。
　捕らわれ人には解放を、囚人には釈放を告げ、
主の恵みの年……を告げ……

著者はまず、ここで言われる「わたし」は、イザヤ四〇－五五章における「僕」であることを主張します。そして、ここで僕への召命と力の付与とが、王の即位に用いられる「油注ぎ」とし

て描写されることから、「王権」と僕の伝統とが一つにされていると指摘します。さらに、このような召命と力の付与は、イエスのバプテスマの出来事と酷似していると指摘します。

著者によれば、これらのテキストは、イエス自身の自己の使命の認識と福音理解に決定的な影響を及ぼし、さらに初代教会によるイエスの宣教理解をも規定しました。福音書においてイエスは、平和の福音を告げ知らせる者として描かれ、特にルカ福音書においては、平和は福音の真髄であり、イエスは先に挙げたイザヤ書のテキストを成就する方であると理解されています。スワートリーの主張の中で、ルカ福音書、使徒言行録は、とても重要な意味をもつのですが、時間の制限がありますので残念ながら今日は割愛します。

次に、パウロを扱う章を見ていきます。六章「パウロI——平和としてのイエス・キリスト」で、パウロ神学の中心は平和にあり、パウロの福音は平和と和解の福音であると主張します。まず、これまで研究者がパウロ神学の中心として議論してきた概念は、実は平和に関わるものであることと指摘します。例えば、信仰による義認は、神との平和、そして敵対関係にあったグループ（ユダヤ人と異邦人）間の平和を意味するものです。また、異邦人への宣教は、教会におけるユダヤ人構成員と異邦人構成員との間の平和つくりを強調します。さらに、平和という用語が使われなくても、かつて疎外関係にあった人を神に引き寄せ、人々を一つにするというパウロの議論の核心に、平和の概念があることを著者は指摘します。

著者は、重要なテキストとして、エフェソ二章一四−一八節、ローマ五章一−一一節、コロサイ一章一五−二二節の三つのテキストをあげますが、今日は、エフェソ書だけを見ていきます。

エフェソ二章一四―一八節ではキリスト自身が平和である、と宣言されます。そして、平和の根拠は、キリストの血、十字架刑にあり、最後に、キリスト自身が平和の福音を告げ知らせたと言われます。ここでは先ほどイザヤ書五二章でみた、「福音を告げ知らせる」という動詞「エウアンゲリゾマイ」が平和という目的語とともに使われます。つまり、直訳すると、キリストが「平和を福音宣教した」（一七節）と言われます。

エフェソ二章一四―一八節には、さらに、イザヤ五七章一九節、九章五―六節の組み合わせ引用が見られます。スワートリーによれば、エフェソ書の著者であるパウロは、普遍的なヴィジョンを示すイザヤ五七章一九節（「わたしは唇の実りを創造し、与えよう。平和、平和、遠くにいる者にも近くにいる者にも。わたしは彼をいやす、と主は言われる」）のテキストをもとに、「遠くの者である異邦人と、近くの者であるユダヤ人とは、キリストの平和において、またそれを通して、一つとされた」という「新しい平和のリアリティー」を主張します（二二七頁）。また、キリストは、イザヤ九章五―六節（「ひとりのみどりごがわたしたちのために生まれた。……その名は、『驚くべき指導者、力ある神、永遠の父、平和の君』と唱えられる。ダビデの王座とその王国に権威は増し、平和は絶えることがない」）の壮大なヴィジョンと希望とを成就する方であると考えられています。

最後に、今回の神学セミナーの題にも使われている「平和の神」についての議論を紹介します。「平和の神」は、パウロに帰される書簡に七回、ヘブライ人への手紙に一回使われています。スワートリーは七例の文脈を、①祈祷（Ⅰテサロニケ五・二三、Ⅱテサロニケ三・一六、ローマ一五・三三、フィリピ四・九）、②確証あるいは約束（ローマ一六・二〇、Ⅱコリント一三・一一）、③道徳的宣言（Ⅰ

コリント一四・三三）の三つに分けます。「平和の神」の七度の用例に対して、「希望の神」は一度（ローマ一五・一三）、「愛の神」も、平和の神と並列して用いられる一度の例だけです（Ⅱコリ一三・一一）。ここから著者は「平和の神」は、パウロの神理解にとって中心的なものであると指摘します。

また、著者は、この平和の神は、神の怒り（Ⅰテサロニケ一・一〇）、迫害（三・一一）、そして「道に外れた悪人ども」（Ⅱテサロニケ三・二）から信仰者を救出する神でもあると指摘します。ローマ一六・二〇においても、平和の神と悪を紛糾する神とは結びつけられています。パウロにとって平和の神の祝福と悪よりの解放／サタンの紛糾とは、矛盾するものではなく、首尾一貫するものなのです。この戦う神に関して著者は、より詳しく次章の七章「パウロⅡ――悪に対する勝利」で議論しますが、今回は時間の関係上割愛します。

さらに、著者は、Ⅱコリ一三・一一の道徳的勧告（「平和を保ちなさい。そうすれば、愛と平和の神があなたがたと共にいてくださいます」）が倫理的命令と祝福の両方を含むことを指摘します。スワートリーによれば、「神の賜物である救いの平和に対して、それを『達成する』人間の責任、すなわち神との平和および互いの平和という、新しい生を現すようなことを行う責任が呼応している」（二三九頁）のです。つまり、平和は、神が人間に与えてくださる賜物であると同時に、人間には、神との平和、そして人間同士の間の平和を達成する責任があるのです。

この本の主要な議論を簡単に見てきました。残念ながら時間の都合上、内容を十分に紹介することはできませんでしたが、皆さんにはぜひこの本を読んでいただきたいと思います。最後に、この本から二点、簡単な問題提起をします。

第一点目は、平和の外的次元――貧困、暴力、抑圧などの社会・経済的な面――と内的次元――個人的、人格的、霊的な面――の関係についての問題です。この本の結論で、著者は、両者の間には、平和の内的次元が外的次元に力を与えると同時に、外的次元が内的次元の必要を生み出す、という弁証法的な関係があることを指摘しています。わたしは、これは非常に重要な指摘であると思います。しばしばキリスト教徒の間では、平和活動などの取り組みは、外的、社会的なものであり、もっと内的、霊的な救いに目を向けるべきだ、というような議論がされることがあります。わたしは、このような内的、霊的な次元に相対する外的、社会的な次元という分け方は、近代的な分け方であり、本来、キリスト教の福音は内的、霊的領域とともに、外的、社会的な領域をも含むものであると考えます。キリスト教会は、両者が弁証法的関係にある、というスワートリーの主張に真剣に耳を傾ける必要があるのではないでしょうか。

わたし自身のことを申しますと、これまでわたしは、内的、霊的な側面のみならず、外的、社会的な側面を含むキリスト教の救済概念に魅力を感じてきたので、特に復活というテーマに焦点をあてて研究をしてきました。というのは、復活とは、個人の魂の救いだけを問題にしているのではなく、より広い共同体的、社会的、そして宇宙的な救いまでをも含むものであると考えるからです。ルカ、ヨハネ両福音書において、復活の主が弟子たちに平和の挨拶をすることは、キリストの復活において平和が達成され、その平和が、個人を越えた広い救済の射程をもつことを示していると思います。キリストの十字架、復活を通して、神と人、人と人との間に平和が打ち立てられたことにより、わたしたちは、この世界があがなわれ、この世界の中に平和が達成されるという希望をもっています。個人的には、今後、復活という主題から、平和という問題にアプローチしていけたらと考えています。

もう一つの問題提起は、聖書神学の領域に関わるものです。平和が、スワートリーが主張するように、旧・新約聖書、とりわけ新約聖書全体を貫く概念であり、多様な新約聖書神学や倫理を示す新約聖書各文書の共通項、一致点であるならば、新約聖書神学の領域で、平和というトピックにより積極的に取り組んでいく必要があるのではないでしょうか。平和という概念に着目することで、多様な新約聖書各文書に通底する、一つの大きな共通項が見えてくるのではないかと思います。

分科会2

平和とキリスト教史

−日本キリスト教史における平和追求の問題−

岩野 祐介

岩野 祐介（いわの・ゆうすけ）

関西学院大学神学部准教授
京都大学文学部卒業、同大学大学院文学研究科思想文化学科修士課程キリスト教学専修（文学修士）、同研究科後期課程キリスト教学専修単位取得退学
博士（文学）；京都大学

戦後の日本キリスト教史研究とその問題意識

日本キリスト教史と平和という問題は非常にすそ野が広く、短時間で簡単に結論が出せるようなものでないことはご理解いただけると思いますので、ここでは問題を共有し、共に考えていくための土台を提供する、ということで進めさせていただきます。

私の専門は日本キリスト教史ということになりますが、この日本キリスト教史という分野の成立は、「戦後」ということと強く結びついているように思われます。そして、戦後期において、日本のキリスト教、日本のキリスト教会の歴史を、戦後から戦前、さらに明治期へとさかのぼる形で検討しなければならない、と考えた人たちの最も強い動機は、「なぜ、第二次世界大戦前・戦中に、もう少し何かできなかったのか」ということであるように思われるのです。より具体的には、なぜあそこまで戦争に協力してしまったのか、もっと真剣に戦争に反対し、社会に対して影響をあたえ、教会の枠をこえた運動をおこすようなことはできなかったのか、ということです。

とりわけ、戦後になって、「ドイツ教会闘争」のことや、韓国において教会が日本による武力統治への抵抗の拠点となっていたこと等が知られるようになり、この問題が意識されるようになったようです。

しかし、実際に日本のキリスト者や教会が、天皇制・国家神道を用いた支配をもととして繰り広げられた軍事侵略体制に対して、批判・抵抗できていたかとなると、そうとは言えないように思われます。日本のプロテスタント・キリスト教史について書かれたものを読んでいくと、第二次世界大戦中にしぶとく戦争反対を訴え続けた人々としては、ホーリネス系の教会の人々、一部の無教会主義キリスト者たち、灯台社の人々等が挙げられていますが、それ以外の人々については、消極的あるいは積極的に戦争に協力していたということになります。

ではなぜそうであったのか、ということも簡単には申し上げられない難しい問題だと思いますが、平和な社会を維持するということについて日本のキリスト教がどう考えていたのか、ということから始めたいと思います。

日本のキリスト教における、平和ということについて、『日本キリスト教史』のなかで大内三郎は次のように述べています。

「『平和』、これは道徳理念といってよいと思うが、日本においては大正時代までその道徳価値が積極的に認められたことはまずなかった。…明治二十二年基督友会が日本にはじめて『平和』会をつくったことは注目されてよい。けれどもそれはまもなく起こった日清戦争で一気に消しとんでしまった。そののち日本のキリスト教会では『非戦論』はあっても『平和論』という言葉は十分に使われなかった。」（海老沢有道・大内三郎『日本キリスト教史』日本キリスト教団出版局、一九七〇、五五二ページ、引用箇所は大内が執筆）

「日本に『戦争』はあったが、いったい『平和』についての思想があったのであろうか。『平和』に価値根拠をおいた倫理体系があったかどうか。…新渡戸稲造が明治以後の日本人の教育の根源は何かと、外人から問われたとき改めて武士道であることを想起し、再認識した。…問題は『武士道』をもって日本全体の倫理思想を律し、日本人全体の教育の根源を語らねばならないところにある。武士道はがんらい武士の戦場における自己の在り方の自覚として形成された。武士道の本心はおよそ平和から遠い。よしんば平和にあったとしても、平和の価値体系を構想するほど平和を重視していないことはたしかである。慈悲（仏教）、仁（儒教）も『平和』の倫理にまで構造化されたことはなかった。その点では『平和の倫理』に関してむしろ不毛に近かったとみてよい。」（大内、五八〇）

以上より、キリスト教においても、また他宗教においても、平和の構築を第一の目的とするような思想は「不毛」であった、ということになります。では、なぜ、戦争より平和を優先させるという発想にならなかったのか。端的に考えれば、戦争が国策であったから、ということになるのではないでしょうか。明治期以降の日本キリスト教において、国家体制に対しては、否定・批判どころか、疑問を持つということも少なかったように思われます。このあたりの問題について、土肥昭夫の論考を参考に、引き続き考えてみたいと思います。

土肥昭夫は、戦後からの視点に基づいて、近代以降の日本プロテスタント・キリスト教に対する批判的研究をおこなった代表的な研究者であると言えるでしょう。そこでの問題意識について、土肥は次のように述べています。

「戦前のキリスト教の体質を十分に批判、検討し、それを止揚する論理と実践をきり開かなければ、再び天皇制にとりこまれ、『地の塩』、『世の光』でなくなる」（土肥昭夫『天皇とキリスト　近現代天皇制とキリスト教の教会史的考察』、新教出版社、二〇一二、三〇八）

現代の日本社会において、教会が地の塩・世の光であるためには、結局戦争協力にいたった戦前のキリスト教の体質を批判・検討しなければならない、という主張には賛同できると思いますが、若干気になるのは「体質」という表現なのです。土肥は、植村正久の天皇制に対する態度についても次のように記しています。

「植村（引用者注：正久）の中にもこれ（引用者注：天皇制を指す）を受け容れ、その精神的秩序の中に無意識のうちにのめり込んでいくような体質があったことを示唆する」（同、一三六）
「このようなこと（引用者注：教育勅語が普遍的道徳というよりは臣民道徳であること）は、勅語を読めば、直ちに判明することであるが、植村がそのように理解しなかったのは、彼もやはり勅語の唱える天皇制イデオロギーの中に包摂されていたからであろう」（同、一三七－一

三八）

植村が「無意識」で、彼にそのような「体質」があり、しかも天皇制イデオロギーの中に「包摂されて」いたということであれば、その天皇制の問題性を自覚的に認識することは困難なのではないでしょうか。体質を変えるにはどうしたらいいのでしょうか。無意識なことを意識することはさらに難しいように思われます。個人の問題に置き換えて考えると、個人が自分の体質を自力で変えることはできないように思いますし、無意識なことを意識することも難しいのではないでしょうか。

この、国家や天皇制に対する意識（無意識）が、どれほど根深いものであるかをしめす実例として、もう一つ斎藤宗次郎（一八七七－一九六八）の例を挙げてみたいと思います。

斎藤宗次郎は無教会主義者であり、内村鑑三の弟子を自認する人物です。日露戦争に際しては、「平和の神」を信じるものとして、兵役と、軍事費のもととなる納税とを拒否しようと考えました。その際は内村から「真理と真理の応用の問題とを混同してはいけない」といさめられ、徴兵もされなかったため結局実行には至りませんでした。

その斎藤が、太平洋戦争の最中、一九四四年のクリスマスに際して、次のような言葉を残しています。

「正義と愛と平和の神聖なる精神をもって戦う祖国日本のために心を一つにし、力を合わせて祈った。勝利の主イエスキリストは三千年の光栄ある皇室を仰ぐ日本、愛の福音を伝えし内村鑑三先生を生みし日本、ルーテルを起せしドイツ、カント、ベートーベンを産せしドイツ国に真正の大勝利を得させ給うと確信する。」（斎藤宗次郎、児玉佳與子『斎藤宗次郎・孫佳與子との往復書簡　空襲と疎開のはざまで』教文館、二〇一三、七五ページ）

斎藤の書簡を編集した児玉実英は、「非戦論を是としながら、他方では『大東亜戦争』を日本の『聖戦』として是認」することの「矛盾」を、斎藤は「心の中で呑み込んでいた」と述べています。（前掲書、一二七）

このような戦争に関する斎藤の認識の矛盾、あるいはイエス・キリストと皇室が矛盾なくつながられている点を、信仰理解における問題であると指摘することもできると思います。ただしこれらの批判は、戦後の視点からなされていることも忘れてはならないでしょう。戦争も、皇室も、斎藤がそのなかで生きている社会の、容易には動かしがたい現実であったということです。そのような状況、環境において、キリスト者がどのように行為していれば、後の時代になって「戦争に協力しなかった」と評価されるのでしょうか。

この問題は、日本のキリスト教徒が日本の社会において「地の塩」であることと関わる、非常に根の深いものであると思われます。「地の塩」というのは「塩」なのであり、周囲の社会を味付けするものなのでしょう。少し塩味をつけたおにぎりはおいしいものですが、塩が多すぎては塩辛くて食べられませんし、足りなくても味気ないものになってしまいます。味をつけられる側との調和が重要であるから、「塩」という比喩になるのだとも考えられます。

自らの周囲の人々から、全く相手にされない、まるで耳をかしてもらえない、ということでは、その社会において「地の塩」としてはたらくこともできないのではないでしょうか。井上良雄は、日本のキリスト者の責任とは「すべての者が眠りまた酩酊している夜の中にあって、教会は見張り人として、眼を開き、シラフでいなければならない」（井上良雄、「平和に対する教会の責任」『戦後教会史と共に』、新教出版社、一九九五、三九ページ）ことだと述べています。周囲の人々とは違う、という自覚をもちながら、周囲と断絶したり、周囲から拒絶されたりすることなく、関わりつづけること。また、そのうえで、周囲の人々にキリスト者としての立場を理解してもらうこと。ただし、民族的神話との妥協とは違うやり方で、ということになるでしょうか。

困難な課題が残されました。しかし、たとえば、周りの人々を怒らせるような預言をしたエレミヤが、預言者として聖書に記録されているのは、「この人のことばは本当に神のことばだ」と思って受けとめた人々もまたいたからであると思われます。そこに希望を抱きつつ、考え続けていきたいと思っております。

分科会３

平和と神学

加納 和寛

加納 和寛（かのう・かずひろ）

関西学院大学神学部助教
同志社大学大学院神学研究科博士課程前期課程修了、
同大学大学院博士課程後期課程修了、ヴッパータール
大学人文学域プロテスタント神学専攻、博士（神学）；
同志社大学

はじめに

「平和と神学」というタイトルをいただきましたけれども、「平和」と「神学」のどちらもたいへん意味の幅が広いので、私の専門分野であります現代のドイツに焦点を置かせていただきながら、ちょうど一〇〇年前に起こっていた第一次世界大戦を手がかりに、「戦争」と「平和」に関して「神学」が現在に至るまで、どのような行動を取ったのかということを見ていきまして、そこから現在の私たちが直面する課題について、お集まりの皆様と問題を共有することができればと願っております。

1. 神学者が書いた「皇帝の開戦演説」

一九一四年六月二八日、当時のオーストリア＝ハンガリー帝国の皇位継承者であったフランツ・フェルディナント大公夫妻が、オーストリア統治下にあったボスニア＝ヘルツェゴヴィナの首都サラエボを訪問中、セルビア人の青年に銃撃され死亡するという、いわゆる「サラエボ事件」が起こりました。これに対して七月二八日、オーストリアは事件の黒幕をセルビア国政府であると決めつけ、報復としてセルビアに宣戦布告します。

オーストリアがセルビアに攻撃を開始してからおよそ一か月後の七月三一日、セルビアと同じスラブ系のロシアはセルビアを助けるべく、オーストリア国境に軍を進めます。オーストリアと同盟関係にあったドイツも態度表明を余儀なくされ、同じ日にドイツ皇帝ヴィルヘルム二世はベルリン王宮のバルコニーから群衆に対して「やむを得ず戦争せざるを得ないだろう。国民たちよ、教会で神に祈りをささげよう」と呼びかける内容の短い演説をしました。翌日の八月一日、ついにドイツも正式に参戦を表明し、ふたたびヴィルヘルム二世は前日と同じように王宮バルコニーから「もはやいかなる党派も、いかなる教派も私の知るところではない。今や我々はみなドイツ人という兄弟であり、ドイツ人という兄弟でしかない。戦争をしかけた敵に対して平和を護るために、神の善なる剣を取ろう」と演説しました。

どちらも全文を読んでもたいへん短い演説ですが、最後は宗教的な文言で締められています。実はこの二つの演説の草稿を書いたのは、当時ベルリン大学神学部教授であったアドルフ・フォン・ハルナックでした。彼は当時、すでに世界的な名声を得たドイツを代表する神学者の一人であり、さらに当時の学術界の代表者、皇帝の側近として働き、その功績により貴族に列せられたほどの人物でした。

一方で、この演説が徹頭徹尾キリスト教的なものかというと、そうとも言えません。そこで私なりに、この演説の背景にある思想をまとめてみますと、おもに次の三つが挙げられるかと考えられます。

第一に楽観的な終末思想です。欧米のキリスト教国が世界を進歩発展へと導いていけば、近いうちにそれは神の国の完成と一致するであろうという考え方で、これは当時、多くの人々に共有されていた世界観でした。

第二にナショナリズムとプロテスタンティズムの結合です。ドイツは一九世紀後半に民族統一と産業革命を達成、自分たちは「一等国」であるというプライドがありました。ラテン系でありカトリックの「一等国」フランスはライバル、後進のスラブ系で東方正教のロシアなどは格下と見なし、これら二つの陣営との対照から、プロテスタンティズムはドイツ人、広義にはゲルマン民族のアイデンティティの一つであると考えられていました。

第三に「平和」と「文化」という大義名分です。二一世紀の私たちから見れば、確かにサラエボ事件の「暗殺」は容認できない暴力である一方、それに対し戦争という暴力で報復をするのも是認し難いですが、当時の人々にとっては当然のことであり、さらには一等国であるドイツの平和と文化を、ライバルのフランスや格下のスラブ民族から護るための正義の防衛手段だと本気で考えていたのです。

2. 戦争に賛成した神学者たち

開戦から二か月あまり後、当時のドイツを代表する大学教授、作家、詩人、画家などの知識人や芸術家九三人が、通称「知識人宣言」と呼ばれる宣言文を発表します。これは第一次世界大戦を「文化を守る戦争」であると位置づけ、「不法なことは何もない」「野蛮な行為は何一つ行われない」「軍国主義とは無縁である」と強調し、ドイツ人を「ゲーテ、ベートーヴェン、カントの国民」と呼ぶ、言ってみれば戦争を文化面から理論的に正当化する宣言でした。この九三人の知識人のうち、神学者がカトリック、プロテスタントを含めて実に一〇人もいます。このうち五人がハルナックなどの著名なプロテスタント神学者でした。

この宣言は内容的には世論の反映とでも言った方がよいもので、開戦当初、一般のドイツ人が第一次世界大戦を理屈の上でどのように考えていたかをよく表しています。この戦争は、ドイツの国威発揚のセレモニーのようなものであり、一八七〇―七一年の普仏（独仏）戦争がそうであったように、数十日あるいは数か月の短期決戦でドイツ側の勝利に終わるだろうと、政治家、軍人、知識人に限らず、一般市民も含め誰もが思っていたのです。

ところが彼らの理想はあっという間に崩れます。まずイギリスが早々にロシア、フランス側につくことを発表し、「ゲルマン民族＝プロテスタント陣営」というドイツ人の夢は打ち砕かれました。さらに軍事技術の進歩により、戦闘での死傷者は桁違いに多いものになりつつあり、塹壕戦により前線は膠着してしまい、短期決戦という見通しは外れてしまいました。このため開戦から一年も経たないうちに、ドイツ国内の世論は「強硬派」と「穏健派」の二つに分かれることになります。

3. 戦争をどう終わらせるべきか?

まず一九一五年七月八日、開戦からおよそ一一か月経った頃ですが、ベルリン大学神学部教授のラインホールト・ゼーベルクを中心とした一、三四七名の知識人たちは『知識人請願』という新たな宣言を発表しました。これは、ドイツがバルト三国を併合して住民たちを労働力として用いることや、ロシアから領土を割譲させてドイツ人入植地を得る「戦勝」を求めるという、ドイツの国益重視の内容でした。現在の私たちには非人道的に思えますが、戦勝国は賠償金や領土を得るのは当然であった当時としては、それほど過激な考えとは言えません。

それに対し、ベルリン大学歴史学教授のハンス・デルブリュックを中心とする穏健派たちは、翌日に『対抗請願』を発表します。彼らは強硬派とは対照的に、戦争の早期終結を唱え、そのためには他国民の同化や領土拡大・併合などをすべきではないと訴えました。これには神学者の中ではハルナックやエルンスト・トレルチらが加わりましたが、署名したのは全部で一九一名にとどまりました。つまり国益は二の次にして、戦後世界全体のことを考えて穏健に戦争を終わらせようという考えは当時としてはかなりの少数意見だったのです。

4. 神学者たちの再出発

しかしながら歴史は皆さんがご存じの通り、穏健派の人々の方に先見の明があったことが明らかとなります。長引く戦争に疲れ果てた市民の革命により、ロシア、ドイツ、オーストリアで皇帝が退位し、これにより戦争は休戦へと向かうことになります。

非常に興味深く思えるのですが、皇帝の開戦演説を起草したハルナックは、戦争中に穏健派となり、中立的な民主主義者になっていたため、戦後も戦争責任を問われることはほとんどなく、共和制政府から絶大な信頼を受け、新しい国作りにも貢献しました。

このようなハルナックの第一次世界大戦前、戦争中、戦後の活躍ぶりを見ますと、シニカルな見方をすれば「機を見るに敏な人」と言うことができるかもしれません。しかし敗戦にあたり、ハルナックは社会的にも個人的にもキリスト教的な罪の認識が必要であると訴え、「思考」と「道徳」の変更、すなわち民主化と社会化を主張しています。つまり彼は「間違えた」と思ったら素直に反省し、軌道修正をすることに躊躇しない人であったと言えます。

同様の姿勢をとったのがエルンスト・トレルチでした。戦争開始当初は民族主義に傾いていたトレルチでしたが、戦争の実態を知ると穏健派に転じ、民主化を支持しました。このため戦後は一時、共和制ドイツの大統領に推されたほか、社会民主党政権のもとでプロイセン文部省次官になるなど、ドイツの再出発に多大な貢献をしました。また、ナショナリズムを捨てて「ヨーロッパ文化統合」を目指すべきだという主張もしています。彼もまた、ハルナックと同じように、反省し、軌道修正することに躊躇しない神学者であったと言えます。

5．第二次世界大戦と神学者

さて、このような第一次世界大戦の神学への影響はというと、いわゆる弁証法神学と呼ばれる新しい神学を生み出す契機となりました。学生時代にハルナックやゼーベルクから直接学んだ経験を持つカール・バルトは、第一次世界大戦が始まった時は生まれ故郷のスイスの小さな村の教会の牧師をしていましたが、「知識人宣言」において「恩師」たちの多くが戦争を支持したことに驚きました。このことが彼のデビュー作『ローマ書』の執筆動機となり、戦争が終わってすぐの一九一九年に出版された同書によってバルトは一躍「新時代の神学者」のリーダーとなったわけです。

そしてバルトはその後、ドイツの大学の教授となるわけですが、ナチスが一九三三年に政権を掌握すると、その翌年、ナチスへの忠誠を誓う誓約書への署名を拒否したためにボン大学の教授職を追われます。ふるさとスイスでバーゼル大学の教授に迎えられたバルトでしたが、一九三九年に第二次世界大戦が始まると、五四歳であったバルトは率先してスイス軍に志願し、在郷軍人として国境警備の任務に就きました。第一次世界大戦を経験しているのに、どうして自分から銃を取るのかと訝しく思われるかもしれませんが、バルトは、非人間性の暴力に対しては「神から与えられた人間性」によって対抗するべきだと考えました。

バルトだけではなく、ドイツ国内の神学者たちも、表現の仕方は違いますがバルトに近い路線が見られます。たとえばナチスに反対するドイツのプロテスタントの牧師・信徒の自主組織である「告白教会」の運動は、プロテスタント信仰に基づく「反ナチス運動」であると位置づけられます。メンバーの中には具体的な反政府活動により、逮捕されて強制収容所に送られ、獄死、刑死した者も少なくありません。

その意味では、「ナショナリズム」や「右翼思想」は危険であるという第一次世界大戦の教訓は充分に生かされたと言えます。一方で「反ナチス」は「反戦」あるいは「非暴力」とイコールではありませんでした。第一次世界大戦でも多くの民間人が犠牲になりましたが、戦争とは軍人同士が戦うものだというイメージが当初はまだありました。普通の都市が無差別爆撃を受けるようになるのは、一九三七年にスペインの都市ゲルニカがナチス・ドイツによって爆撃されたのが最初とされています。これ以降、二一世紀の私たち持つ戦争のイメージである、軍人・民間人を問わない無差別大量殺戮が顕著になります。したがって告白教会のメンバーも、ナチスの政治には命がけで反対しましたが、徴兵拒否をした人はほとんど目立ちません。政治的理念だけではなく、戦争そのものにも反対しなければ悲劇極まりないことになるのだ、という教訓は、第二次世界大戦後に確立することになります。

6.「アウシュヴィッツ後」の神学

第二次世界大戦が第一次世界大戦と決定的に異なるのは、軍人の死者よりも民間人の犠牲者があまりにも多かったことでした。軍人、民間人問わず第二次世界大戦で亡くなった方は五千万人とも八千万人とも言われますが、そのうち六〇パーセントから七五パーセントが民間人だったとされています。特に戦後、ナチスのユダヤ人虐殺、いわゆる「アウシュヴィッツ」に代表されるホロコースト、そして広島、長崎の惨劇の実態が明らかになると、世界中が衝撃を受けました。もちろん神学もそれに決定的な影響を受けました。戦後ドイツを代表する神学者の一人、ユルゲン・モルトマンはその一人です。彼は高校生だった一七歳の時に高校のクラスぐるみで空軍補助員として動員させられ、一九四四年に軍人として徴兵されますが、すぐにイギリス軍との地上戦で捕虜になり、戦後三年間、イギリスで抑留生活を送ります。帰国後に牧師になるために神学部に入りますが、自分の戦争経験やアウシュヴィッツの事実と向い合うことによって、神学部で教えられるバルト神学や、ブルトマンの実存主義的神学に限界を感じました。モルトマンはまず『十字架につけられた神』を発表し、イエス・キリストは十字架で肉体の苦しみを経験し、神は愛する御子イエスが苦しんだのを見て自らも苦しんだのであり、苦しんだ神こそ愛することができる神であり、もし神が苦しむことができないならば、神は全能でもなければ愛でもないと主張しました。さらに『希望の神学』では、終末において神がすべてを新しく創造されることが私たちの真の希望であるとし、人間の自助努力で社会構造を変革すれば問題はすべて解決すると考えるマルクス主義、終末論に重点を置かないバルト神学、個人の実存に基づくあまり、歴史や世界の出来事と距離が生まれがちなブルトマンの実存主義的神学を乗り越えることを提唱し、第二次世界大戦後の神学とキリスト教会のあり方に大きな影響を与えました。

7．二一世紀の平和と神学

現在、第二次世界大戦の反省から、ドイツだけでなく、ローマ・カトリック教会を含め、世界の多くのキリスト教会は「正しい暴力などあり得ない」とし、「反戦平和」を掲げているのはご存じの通りです。批判の対象は武力行使だけはなく、武器の製造・輸出、強力な警察力にも向けられることがあります。

他方で、ソ連崩壊後、冷戦構造が崩壊すると、それまで抑圧されていたさまざまなマイノリティー集団が衝突する紛争が世界中で頻発し、現在でも続いています。特にユーゴスラヴィア紛争（一九九一―二〇〇〇）、ルワンダ虐殺（一九九四）などは、昨日まで同じ国の中で隣人として暮らしていた人々が、ある日を境に突然殺し合うという、それまでの主権国家同士の武力衝突というステレオタイプな「戦争」のイメージとはかけ離れた「戦争」の代表的な例です。こういった紛争は国際法上の問題などもあり、未然に防ぐのが難しく、国連のような機関もうまく対応できていないのが現状です。もし仮に「紛争防止」「平和維持」を大義名分とした他国への干渉が許されるとなると、かえって世界情勢が複雑化するのは、ちょうど昨年（二〇一五年）問題になった「集団的自衛権」を考えていただければご理解いただけるかと思います。

その意味では、二つの世界大戦の教訓を踏まえながらも、その教訓だけで何とかするのでは最早足りない局面に、私たちの世界はすでに突入しています。もちろんすでに多様な意見、具体的な活動があるわけですが、それについて神学者の意見を一つだけご紹介します。現代ドイツを代表するプロテスタント神学者の一人であるヴォルフガング・フーバーは「集団としての武力行使の倫理的問題と、個人の良心的行動は分けて考えるべきではないだろうか」と提案します。たとえばある国が無政府状態になり、人々が無秩序に殺し合いを始めたのを見て「わたしは非暴力主義ですから武力仲裁はしませんが、安全な場所から平和を祈っています」としか言わないのは、個人の良心的行動としては正しいですが、集団としての倫理行動としては不充分ではないかという意見です。ではキリスト教会としてどうするべきなのかというと、これは非常に難しい問題で、私も正直申し上げて今のところ判断がつきません。ドイツと日本とでは置かれた立場や歴史的経験が大きく異なりますから、いちがいにフーバーの言うことが正しいと肯定するつもりもありません。しかし第一次世界大戦から一〇〇年を経た今、私たちは昏迷する世界情勢の中で、神学およびキリスト教の立場から、どのように新しい出発をすべきなのか、真剣に問われているということは、私たちの課題として、おそらくここにお集まりの皆さんの多くの方々と共有させていただけるものと思いまして、この分科会を終了させていただきたいと思います。
ご静聴いただきありがとうございました。

報告会

大野 至

中島 爽

今井 圭介

大野 至（おおの・いたる）
関西学院大学神学部３年

中島 爽（なかじま・そう）
関西学院大学神学研究科１年

今井 圭介（いまい・けいすけ）
関西学院大学神学研究科１年

神学部三回生の大野至といいます。二〇一五年の九月に新安保関連法案が国会で通りましたが、私からはＳＥＡＬＤｓ ＫＡＮＳＡＩがそれまでどういったことを行ってきたのか話した後、二つの立場から発言できればと思います。一つは「日本に住む一人の主権者」として、もう一つは「クリスチャン」としてどのように考えているのか、この二点を中心にお話しできればと思います。

まず簡単にＳＥＡＬＤｓ ＫＡＮＳＡＩがどのような運動体であったのか話したいと思います。私は二〇一四年まで明治学院大学に通っていました。在学中の二〇一三年一二月、国会において特定秘密保護法が可決されましたが、それに対し、関東圏の大学生が学内集会を開催したり、国会前抗議に参加したりしていました。その時、集まった学生と、法律の通過後もまだ何かできるのではないかという話になり、「ＳＡＳＰＬ（特定秘密保護法に反対する学生有志の会）」を結成し、デモの企画を中心に一年ほど活動しました。ＳＡＳＰＬは特定秘密保護法に反対するというシングルイシューで活動していたため、それ以外のことには言及しないようにしていました。ただ、二〇一四年七月に、集団的自衛権の行使を可能とするといった内容の閣議決定が行われました。その際、メンバーが集まり、この問題に対して言及しなくていいのかという議論になり、そこからもう少し広い枠組みで訴えていくための「ＳＥＡＬＤｓ（自由と民主主義のための学生緊急行動）」という構想が出てきました。関西圏ではＳＥＡＬＤｓと同時にＳＥＡＬＤｓ ＫＡＮＳＡＩが立ち上がりました。ＳＥＡＬＤｓ ＫＡＮＳＡＩは東京のＳＥＡＬＤｓと同じ理念を共有した別の運動体です。ＳＥＡＬＤｓの共通理念は「自由と民主主義に基づく政治」を求めるということであり、今の状況は自由と民主主義が危機的な状態にあるのではないかという認識を持っています。

そして、立憲主義、安全保障、生活保障の三つのイシューを掲げています。

そのような理念を持つＳＥＡＬＤｓ ＫＡＮＳＡＩは新安保法制の反対を訴えるために街頭宣伝、デモを行ってきました。街頭宣伝では毎週、毎週、街頭で若者一人一人がマイクをもってスピーチをしていきました。また、街宣とは別に街を歩いて訴える形式のデモもあるのですが、そこではよく学生が集まったというふうにメディア等で取り上げられるのですが、年配の方から親子連れの方、障がいを持った方まで様々な立場の人が集まります。様々な立場の人が参加できるようになっています。

私たちは主権者として「わたし」は何を思うかということを語るスピーチをデモの中で重要なものとして捉えています。今までの社会運動を振り返る中で「我々」という言葉が使われてきたと思います。ＳＭＡＰのオンリーワンが大切という歌が流行ったり、「みんなちがってみんないい」という言葉が社会に溢れたりする中で、「我々」という言葉で語る運動に違和感を持っていた学生がＳＥＡＬＤｓのメンバーにも少なからずいたと思います。その違和感から、スピーチでは「わたしは」という言葉を主語に話しています。そして「わたしは」という言葉で語られたスピーチを聞くことによって、はじめて共感できるという現象が生まれました。つまり「わたし」出発で「わたしたち」を形成していくというプロセスがデモの中で取られていきました。

沢山の賛同者を得る一方で、様々なバッシングも受けてきました。「ゆとり教育」が進められ、教育の中で語られたことは「考えることが大切」であるということでした。それ自体否定するつもりはありませんし、その通りだと思います。ただ、そのような環境の中で、自分の意見を表明すると多くのバッシングを受けてしまいます。特にシニシズム、ニヒリズムが蔓延する社会で、明確な反対を打ち出すことは容易にバッシングの対象となります。この背景には、教育や七〇年代の社会運動の失敗も一つの要因として挙げられるのではないかと思います。

なぜ主権者という立場を認識して声を上げるようになったのかという話をしたいと思います。私たちは、生まれた時からずっと不景気で大人になったら就職活動や年金の受給も大変になると言われ、九五年には地下鉄サリン事件や阪神淡路大震災等があり、ずっと社会に対してネガティブに語られる中で育ったと思います。しかし、その中でも三・一一というのは大きな出来事・転換点として考えられます。絶望的な状況がある中で、よりショッキングな出来事を見た時「あきらめることをあきらめよう」と思ったということがＳＥＡＬＤｓのメンバー間で共感できる経験として共有されています。そこから、まず他者にこの社会を任せるのではなく「やれることはやっていこう」という方向へ切り替わっていったと思います。主権者として選挙以外に出来ることをやっていこうという中から、デモが選択肢として生まれました。

もう一点はクリスチャンという立場からなぜ運動に関わっているのかということですが、実はこれに関してはまだしっかりと言語化できていません。それでも今思うことを話したいと思います。よく「クリスチャンとしてなぜ参加しているのか」ということをインタビュー等で問われ、答えに窮することもあります。しかし、敢えていうなら「クリスチャンとして」関わる理由には二つの側面があると思います。

一つはネガティブな側面ですが、クリスチャンとして生きていくためにやっているという側面があると思います。私が以前通っていた明治学院大学においては大学として戦責告白を出しています。その戦責告白が納められたリーフレット中でキリスト教という建学の精神をもちながら先の大戦で神社参拝を勧めたり、学生を戦場に送り出したりしたということを反省していると書かれていました。それを読んだ時、明治学院が戦中取った選択というのは、大学の存続のためにそうせざるを得なかったことだと思いました。ただ、一方で割り切ってはいけないということも思いました。社会に対する責任から起こそうとする行動と個人的な思想や倫理からくる行動は時として異なると思います。言い換えるのならば心情倫理と責任倫理は異なり、宗教的道徳性と政治的道徳性は異なることもあると言えると思います。それでも私はその二つが大きく異ならないような生活できる社会を求めるべきだと思います。絶対的に正しい倫理を共有できるとは思っていませんが、歴史の中から「これだけはしてはいけない」というものは共有できると思っています。例えば、人を殺さないこと、差別をしないこと。これらは歴史の中で勝ち取って来たものだと思います。そういった社会を求めるということはクリスチャンとして必要なことだと思っています。

もう一つポジティブな要素として「応答として」この活動をしていると思います。よく「民主主義の種をまき、育てていく」という例えがこのＳＥＡＬＤｓの活動に当てはめられるのですが、私もクリスチャンとして種をまいていく必要があると思います。私個人としてもやはりキリストは「平和」に関するメッセージを発していたと思います。そのようなキリストを聖書を通して見た時にどのように答えていくのかということが問われます。よく社会派、教会派という二分法で教会が語られることがありますが、この分け方もあまり意味のない分け方だと思っています。健全な社会を作るということは、安定した伝道を行っていく、個人的な信仰を育てる、ということにつながっていくと思います。この二つは両輪の関係にあると思います。私自身も刈り入れが豊かになる事を信じて惜しみなく種をまいて行ければと思います。

大学院一年の中島爽と申します。この報告会では、自分は政治に対してどのように関わるのか、ということを大野君の発表を踏まえて短い時間ではありますがお話しできればと思います。

わたしは基本的には、先ほど大野君が説明してくださったＳＥＡＬＤｓの活動や考え方には共感を覚えます。というよりむしろ、ＳＥＡＬＤｓがいろんな情報をわかりやすく発信してくれることや、活発に活動していることで、自分も行動しなければという思いに駆られました。最初、ＳＥＡＬＤｓの活動を知ったとき、「なんで選挙前に集中して活動しないんだろう?」と思ったのですが、そのいきさつも戦争法案という「緊急の」事態を止めるためであり、元々は選挙前に大きく行動する計画であったということを知り更に共感したのでした。

そして、わたしも行動しようと思い六月二一日に京都で行われたデモに参加しようとしました。しかし、その日は日曜日で午後からも教会の用事があったために参加することが出来なかったんです。もどかしい思いがしましたが、その後も情報は追いかけているものの、デモや集会に参加することは叶わずにいました。八月三〇日には、全国で一斉行動がありましたが、教会実習のために青森県にいて、それもニュースや facebook で見るのみでした。

ただ、その青森から帰るとき東京に寄り道することができたので、ちょうど戦争法案が通る前日の夜に、国会前のデモに行きました。その日は雨が降っていましたが、多くの人が詰めかけており、傘をさしながら声をあげていました。「戦争反対」「安倍はヤメろ」「憲法守れ」など、コールの声と太鼓の音が鳴り響いていました。わたしはその中に立って、同じようにコールをしました。「戦争反対」「安倍はヤメろ」……。

すると、どうしてだかはっきりとはわかりませんが、わたしはその場で涙が止まらなくなりました。安倍さんにやめて欲しいと思っているし、戦争反対だし、憲法大切にしてほしいし、そのコールとわたしの思いに相違があったわけではないのに、わたしはそこで、コール出来ない感情になったのです。その感情は、はっきりと「悲しい」という感情でした。

なんでこんなことになっているんだろう。そこにはっきりと見いだされた、「敵」に対して向かって行かなければならない構図が辛かったのか。安倍首相を一人の人として見ることができず、罵っているように聞こえてしまう状況が辛かったのか。

ただわたしはその時、デモの場にはいられないと思ってしまいました。自分も行動しなくてはと思って参加したデモで、わたしはここには居られないと感じてしまったのです。

それから、一週間くらいした後、地元の友人たちと大阪のとあるバーにいく機会がありました。そのバーのバーテンさんは非常に気さくで、いろいろ話をしてくれたのですが、その時ついていたテレビでちょうど安倍政権についてのニュースが流れてきました。そのバーテンさんは安倍さんを支持しているようで、戦争法案が通ったことについても、「これでよかったんだよ」と言っていました。わたしはそのとき、すこしお酒が入っていたこともありますが、そのバーテンに食って掛かりました。法案そのものも良くないし、あんな通し方なんてもってのほかだと、かなりけんか腰に言って、ちょっとした口論になりました。わたしは、そのときの自分がかなり意外でした。一週間前、国会前で泣くことしかできなかったわたしが、一対一の関係でならきちんと話ができたのでした。

そして、そのときの友人たちの反応が、わたしの立場を決めさせました。彼らは、バーテンと口論するわたしを見て「そんなに言うならお前が国会議員になればええやん」と言ったのです。「普通の人が政治に参加すること」、をＳＥＡＬＤｓが「当たり前のこと」として捉えているのに対して、わたしの友人たちは、それはまだまだ自分たちの身近なことだとは考えていなかったのです。これは、衝撃的でした。彼らはもう社会人として働き始めて三年くらい経っており、その時いたメンバーはそれぞれ企業できちんと働いている人ばかりでした。学歴が低いわけでも無く、結婚している人もいました。

そのときわたしは、わたしが話をするべきはこのバーテンではなくて、友人たちだと気づかされたのです。政治を特別なことではなく、当たり前のことにするためには、わたしの周りにいる友人と、当たり前のように政治の話ができなくてはならないのです。わたしは、デモの中に居ることができませんでした。しかし、自分の近くにいる、無関心な人々と対話すること、それも政治に興味の無い人と対話することはできる、そう思っています。わたしが今行動すべき事柄は政治に興味の薄い人たちと、なにげない交わりの中で政治を語り、無関心を少しでも関心へと向けることなのだろうと、思っています。

神学研究科一年の今井圭介です。初めに私個人の立場を、この後の話に誤解のないように言うと、戦争は絶対にしたくないですすし、今回の安保法案にも反対です。今研究しているテーマはキリスト教における正戦論というものです。先ほどから何度か使われていた「クリスチャンとして」という言葉がありますが、私もこれまで「クリスチャンとして」漠然と戦争に反対だと思っていました。ですが一般的にもキリスト教は戦争ばかりしてきたと言われていますし、実際のところはどうだったのかということで、正戦論というものを調べています。ある教会で「正しい戦争」ということを言ったときに、「キリスト教の教会で正しい戦争とは何事か！」と言われたことがありましたが、私自身は戦争に反対しているということを念頭に置いて聞いていただければと思います。

初期のキリスト教会というのは絶対非暴力だったと言われています、そうではなかったという議論もありますが。新約聖書には確かに戦争ということについて具体的に何か書かれているわけではないので、推測をするしかないという意味では、いろいろな解釈が生まれてくるのは当然かと思うのですが、キリスト教と戦争を結び付けたのは四〜五世紀のアウグスティヌスと言われています。アウグスティヌスも戦争についてまとまったものを書いたわけではありませんが、例えば洗礼者ヨハネが兵士に対して、「自分の給料で満足しなさい」と言い、兵士であること自体を咎めなかったのは、兵士であることが神の御心に反しないからだと言っています。また、アウグスティヌスは、兵士として戦うための身体的な能力も、神からの恵みであると言っています。ただ、ここで気を付けないといけないことは、戦争はしないほうがいいということを、アウグスティヌスが前提にしているということです。そのような前提の上で、ただし、敵を憎んでのことではなく、愛する者を守るために戦うことは正しい、といった条件をつけていきます。これが正戦論という考え方になっていきます。もちろん歴史的にはいろんな立場のクリスチャンがいますので、絶対非暴力を貫いた人たちもいます。ですが、いろんな地域、いろんな時代をみてみると、多くは正しい戦争はあるという立場に立っている。それがほとんどだと思います。

正しい戦争があるという立場と、絶対非暴力という立場の差がどれぐらいあるのかを考えてみると、「私は絶対に暴力を使いません」、「いや、自分たちを守るために少しだけ必要じゃないか」、そこには本当に少しの違いしかないように思います。どちらも平和を求めてどうするべきかを考えた上で出てきた立場です。自分個人の事として考えてみても、よく言う話ですが、我が家に強盗が入ってきた時にどうするのかというように、自分の身に当てはめて考えた時に、そこは結論が出ないところでもあります。私は「みんなが非暴力だったらいいのに」と考えている理想主義なところがあるのですが、実際に誰かが家に押し入ってきたら、戦わざるを得ないなと思うこともあります。

私たちはどのような平和を望むのか、というところから考えていく必要があるのではないかと思います。キリスト教会としてどのような平和を望んでいくのか。平和が訪れますようにと祈っていても、一人一人イメージしている平和は違います。それはアウグスティヌスが考える平和と、絶対非暴力を主張する人たちの平和が違ったように、みんな考えている平和はバラバラだと思います。いろんな主義主張があっていいというのはもちろんそうだと思いますが、「クリスチャンとして」という言葉を使う以上は、クリスチャンとして共通の、平和の概念があってもいいのではないかと思います。ドイツから仕入れてきたものをそのまま当てはめるというのではなく、戦争を経験した私たち日本のクリスチャンが求める平和とは何なのか、という立場がひとつあればいいなと私は思っています。ただ、そういったものを定めると、そこには排除ということも起こってくるので難しい問題ですが、例えば日本のクリスチャンとしてということが無理であれば、私たちの教会として、といった小さい単位でもいいと思います。私たちの望む平和がどんなものなのかということを考える機会を持ってもいいのではないかと思います。

閉会礼拝

式文構成・司式

水野 隆一

閉会礼拝について

・今回の礼拝では、キリスト教の「負の遺産」に焦点を当てています。平和を考えるセミナーを締めくくる閉会礼拝としては、もっとポジティブな内容のものがよかったかもしれませんが、昨今、「負の歴史」などなかったという言説が私たちの社会で聞かれるようになったことに対して、異議を申し立てたいという思いがありました。また、ネガティブなものをも直視することは、平和をつくり出す基礎となるはずだという思いもあり、このような礼拝を計画しました。

・中で読まれる「手紙」は、全くの創作です。一九九二年湾岸戦争のさなかアメリカで書いたものですが、その時々の状況にあわせて少しずつ手を入れて、何度か「再演」してきました。この手紙の内容が今も「妥当する」ことは、私たちの課題を表していると思われます。歴史的事実の認識不足はどうぞご指摘ください。「虚実皮膜」（近松門左衛門）の間にある「真実」に耳をかたむけてくだされば幸いです。

・「手紙」、あるいは、この礼拝全体が、ヘブライ語聖書とはいえ、聖書を「否定的に」扱ってもいいのかとの議論を惹起す

1 「招きの言葉」に相当する部分には、神が「平和を宣言する」と語る詩編八五からの抜粋を選びました。それは、「平和」「正義」の尊重と希求こそが聖書の基本的な態度であり、従って、キリスト教の基本的な姿勢であるとの理解からです。しかし、残念ながら、聖書にも、キリスト教の言説にも、後にこの礼拝の中で読まれたり、歌われたりするように、平和よりも「戦闘」「戦い」を選ぶ言葉があることは事実です。その「アンビヴァレント」な態度についても、問題を提示しています。

2 三節に「乱れ争う／世界のために」「み言葉をください」と歌うので、聖書朗読への導入としてこの賛美

るかもしれません。

私の理解では、聖書の「正典性」とは、「誤りのないこと」ではなく、「人間の真実の姿を明らかにするものであること」です。平和と共生を求めながら、また、平和を語りながら、武力で「平和」を実現しようとしたり、自分に都合のよい状態を「平和」であると考えたりする、人間の（つまり、私たちの）根本的な問題が現れているという点で、サムエル記下5章の記事は「正典」的であると考えています。また、その問題を明らかにするのが、聖書を読む、解釈する、説教する務めであると考えています。

・新約聖書からの朗読がありませんが、戦争や平和といった問題を生々しく語るのはヘブライ語聖書であるので、そちらを重視しました。新約聖書では、「戦い」や「平和」が内面化されて語られる傾向があるように思いますし、その結果、実際の戦争や平和に関するキリスト者の議論が抽象的、観念的になってしまっていると感じています。

・時間の都合で、賛美歌は一部だけを歌いましたが、実際には、全節を歌ってもよいと思います。

歌を選びました。

3　エルサレムが「ダビデの町」として、後には、神殿のある町として神聖視されるきっかけとなる出来事が記されている箇所。もちろん、このエルサレムの「特別な地位」が、十字軍のきっかけとなり、現代のパレスティナ問題の解決を困難にしている要因となっています。また、物語そのものにも、エルサレムの「選び」が「足の不自由な者、目の見えない者」に対する差別の原因となったことが記されています（八節）。また、ダビデが戦争で勝利することは、ヤハウェが「彼と共にいる」ことの証拠であるとされています（一〇節）。これらの問題は、メディテーションの中で触れられて

前奏

はじめに[1]

主よ、慈しみをわたしたちに示し
わたしたちをお救いください。
わたしは神が宣言なさるのを聞きます。
主は平和を宣言されます
慈しみとまことは出会い
正義と平和は口づけし
まことは地から萌えいで
正義は天から注がれます。（詩編八五：八、九、一一、一二）

うた[2]　「み言葉をください」一、三節（『讃美歌21』五八）

聖書[3]　サムエル記下五章六〜一〇節

6 王とその兵はエルサレムに向かい、その地の住民のエブス人を攻めようとした。エブス人はダビデが町に入ることはできないと思い、ダビデに言った。「お前はここに入れまい。目の見え

います。

ダビデの王位とエルサレムを結びつけるヘブライ語聖書の考え方に沿えば、朗読箇所を一節からにすることもできます。

4　戦争に由来する用語で「信仰の戦い」について歌う賛美歌を選んであります。それは、キリスト者のメンタリティーが、新約聖書（例えば、エフェソ六：一一〜一七）以来、信仰を「戦い」の比喩で語ってきたことに対する自己批判を目的としています。
実際、そのような賛美歌がいかに多いかを実感することは、どのような言葉を使ってきたか、そして、それによって、無意識のうちに、戦争を容認するメンタリティーを形成してきたかを振

ない者、足の不自由な者でも、お前を追い払うことは容易だ。」[7]しかしダビデはシオンの要害を陥れた。これがダビデの町である。[8]そのとき、ダビデは言った。「エブス人を討とうとする者は皆、水くみのトンネルを通って町に入り、ダビデの命を憎むという足の不自由な者、目の見えない者を討て。」このために、目や足の不自由な者は神殿に入ってはならない、と言われるようになった。[9]ダビデはこの要害に住み、それをダビデの町と呼び、ミロから内部まで、周囲に城壁を築いた。[10]ダビデは次第に勢力を増し、万軍の神、主は彼と共におられた。

うた[4]　**「立てよ、いざ立て」一、二節（『讃美歌』（一九五四年版）三八〇）**

1. たてよ、いざたて　主のつわもの、
見ずや、みはたの　ひるがえるを。
すべてのあだを　ほろぼすまで
君はさきだち　行かせ給わん。

2. たてよ、きかずや　主のつのぶえ。
いざたたかいの　門出いそがん。

り返る機会となるでしょう。『讃美歌』（一九五四年版）には「霊の戦い」という項目が立てられていて、一三曲が収められていました（三七五～三八七番）。『讃美歌二一』は皇室用語（ことに「御稜威《みいつ》」）を注意深く省くなどの努力をしていますし、あまりに戦闘的な歌は収録されませんでしたが、「信仰の戦い」という項目を立て、六曲を収めています（五三四～五三九番）。

なお、「立てよ、いざ立て、主の兵」以外の賛美歌を用いた場合、「手紙」の中に引用されている大司教の説教の言葉を、賛美歌にあわせて変更する必要があります（後述参照）。

5　この礼拝で「手紙」の朗

君が隊（て）につく　この身なれば、
雲なすあだも　何かおそれん。

メディテーション[5]　**「十字軍の三通の手紙**[6]**」**

沈　黙[7]

祈　り[8]　**「世界のどこかで」（『讃美歌21』四二九）に基づいて**

司式者　いのちの神、
世界のどこかで
あなたの愛している人々が、今も、
戦い、傷つけあっています。
憎しみの血は流れ続けて、
悲しみの叫びは　今も止むことがありません。

一　同　**私たちは往々にして、**
神の愛している人々のいのちと望みを
あなたの名を使ってふみにじってしまいます。
私たちの罪は何と深いことでしょう。

読を「説教」ではなく「メディテーション」と呼んでいるのは、これらの手紙の朗読をとおして、キリスト教が使ってきた言葉、そして、その言葉によって培われたメンタリティーについて思い巡らし、今日平和をつくり出すにふさわしい言葉や考え方はどこから生み出せるのかを考える契機になることを願ってのことです。

6　全文は、この礼拝の最後に掲載しています。

7　朗読で読まれたこと、聖書朗読や賛美歌の言葉などについて思い巡らせるために、沈黙の時間を取りました。

8　「世界のどこかで」（『讃

司式者　私たちは、
戦いに由来する言葉で信仰について語り、
無意識のうちに戦争を認めてしまいます。
その言葉で、平和について考え語るよりも、
「敵」を決め、自らの「勝利」を求めて行動します。
どうか私たちを解き放って、
新しい言葉と新しい生き方を与えてください。

一　同　主イエスのみ前で
神の愛している人々に
赦しを求め、誓い、祈ります。
神のくださる平和に生きる
新しい平和の民にしてください。
アーメン。

聖　書[9]　ゼカリヤ書七章九～一〇節、八章一六節

9 万軍の主はこう言われる。
正義と真理に基づいて裁き
互いにいたわり合い、憐れみ深くあり

美歌21』四二九）は、日本人作詞。「傷つけあっている」のが「神の愛している人々」であるという認識から始まって（一節）、罪を告白し（二節）、「新しい平和の民」となることを誓う内容です（三節）。「メディテーション」の内容、また、先に歌った賛美歌との関連を明らかにするために、司式者の二つ目の言葉を書き加えました。

9　ヘブライ語聖書を「否定的に」扱った場合には、新約聖書からの朗読を「解決」としてあげることがよく行われます。
しかし、最初にも書いたように、新約聖書は「戦い」も「平和」も内面化する傾向があるので、ここでは、より具体的に「平和」のあ

10 やもめ、みなしご
寄留者、貧しい者らを虐げず
互いに災いを心にたくらんではならない。
16 あなたたちのなすべきことは次のとおりである。
互いに真実を語り合え。
城門では真実と正義に基づき
平和をもたらす裁きをせよ。

う　た[10]　「戦い疲れた民に平和」（『讃美歌21』三七三）

平和のあいさつ[11]

司式者　イエスは言われました。
「平和を実現する人々は、幸いである、
一　同　その人たちは神の子と呼ばれる。」（マタイ五：九）
司式者　ここから出かけて行くに際し、
お互いの平和を願い、
平和のために働くことを誓い合って、

り方について語るゼカリヤ書の言葉を朗読することにしました。社会的弱者（「やもめ、みなしご、寄留者、貧しい者」）への配慮、「真実」と公正な「裁き」（裁判）による社会正義の実現は、「積極的平和」（ガルトゥング）とも関連すると思われます。

10　この賛美歌を選んだのは、ヘブライ語聖書の中にある平和を希求する言葉（イザヤ二：一～四、ミカ四：一～四）に基づいているからです。「母」との関連では「幾千万の母たちの」（『讃美歌21』三七二）、平和への努力を武力ではなく「話し合い」によって続けることを歌うなら「平和を求めて」（『讃美歌21』五六一）などを選ぶこともできるで

平和のあいさつを交わしましょう。

メディテーション「十字軍の三通の手紙」[12]（作：水野隆一）

前略　お母さん

主の輝かしいみ名は称えられますように。神は私にその栄光を垣間見させて下さいました。

私たちはついに、あの不信仰なイスラム教徒たち[13]を撃ち破り、聖なる都エルサレム[14]に入城しました。エルサレム、神が選ばれてご自身の恵み深いみ名をおかれた都[15]、我らの主イエス・キリストが勝利の声と共に入られた都[16]に！　それは昨日の事でした。お母さんも一緒にいて、見て貰えたら、どんなに嬉しかったことでしょう。

本当に長い戦いでした。エルサレムの城壁は高く強固で、都そのものが大きな岩盤の上に建てられているので、ちょうど都全体が一つの砦のようになっています。不敗を誇ったあのローマ軍が、エルサレムを攻め落とすのにどうして三年もかかったか、今になってやっと分かりました。イスラム教徒たちは勇敢で、よく戦い

しょう。なお、省察し、思い巡らせるという性格を礼拝に持たせたので、座ったままでの参加としましたが、この最後の賛美歌は起立して歌い、平和のあいさつへの導入としました。

11　この礼拝では具体的なアクションは、この平和のあいさつだけでしたが、ここにイエスの言葉を引用して、日常的な行動への促しとなることを意図しました。

12　「物語説教」"Narrative Preaching"と呼ばれるこのタイプの説教は、教会学校等では子どもを対象として行われてきて、全く馴染みのないものではないのですが、大人を聴衆としては

ました。ただ彼らの信仰は間違っているので、勝てる望みはありませんでしたが。

私たちは、バビロニア軍が採ったのと同じ戦略を使いました。都を包囲して、食糧の補給を断ったのです。[17]食べ物のあるなしは確かに士気に影響します。人肉を食べているというような恐ろしい噂[18]も聞きました。しかし、神のみ名は何と大いなることでしょう。敵を私たちの手に渡されたのです。都は解放され、本当の信仰に基づいた秩序が回復されました。そして、食べ物も。

司令官は——神が彼を祝されるように——城壁に突撃する部隊の指揮官に、私を任命したのです。戦闘の音や、傷付いて倒れる兵士たちの叫び声の中、私は必死に戦いました。何人のイスラム教徒を倒したか知れません。まるで夢の中で戦っているようでした。何時間たったことでしょう。私は、数知れない兵士たちの死体の中、城壁の上に立っていました。私はひざまずいて、戦闘の間守って下さった恵み深い神に感謝を捧げました。そして、十字架の旗[19]を城壁の上に立てました。その旗は、今でも同じ場所にひるがえっています。

味方の本陣から歓声が上がりました。私の立てた十字架の旗を

余り行われて来ませんでした。

物語説教は、名前のとおり、「物語」を聖書の箇所に基づいて組み立て、それによってメッセージを伝えようとするものです。物語説教には、一．聖書の登場人物になって、中から聖書に書かれてある出来事を見る、二．架空の人物を登場させて、出来事を観察させる、三．全く別の物語を創作して、メッセージを伝える、などの方法があります。この説教は3．に当たります。物語説教では、受け取る側、つまり聞き手によって受け止め方が変わるということを念頭に置いています。つまり、各人が各人なりの聞き方をすることを期待しているのです。これも、従来の説教と大きく違う点だと

見たのです。全軍がダマスコ門に突撃しました。イスラム兵士はほんの僅かしか残っておらず、その兵士達もすぐに降伏しました。その夜、大きな宴会が開かれました。私はイングランドやフランスの王たちと一緒に最上席に座っていたのですよ。王たちは私の勇敢さを口々に誉め、自分の軍隊の指揮官にならないかと言ってくれました。

　今日は私の生涯最上の日でした。我らの主イエス・キリストの墓の上に立てられた教会で、不信仰なイスラム教徒に対する勝利を感謝するミサが行われました。私は王たちと一緒に、最前列に座っていました。大司教が、サムエル記下五章から説教しました。ダビデが兵士たちと共に、都エルサレムを神の助けによって征服したことを記す、その箇所です。「神の助けによって」勿論です。ここで戦った私たちには、エブス人たちが難攻不落の都を誇っていた理由がよく分かります。この都が陥落したのは神の助けによる他あり得ません。私は誇らしく感じました。この私はダビデと同じ位、神に愛されているのです。ちょっと高慢かも知れません。「少なくともダビデの兵士と同じ位」、と言った方がいいかもしれません。

言えるでしょう。これは、筆者がヘブライ語聖書物語の研究に用いている「文芸批評」とも関わりがあり、実際、この説教は「間テクスト的」との（好意的な）批評も受けました。
朗読は、三人に振り分けて行いました。

13　全編に繰り返されるこの表現は、現実のムスリムが「不信仰」だと断じるためではなく、キリスト教とは異なる信仰を持つ人々を、往々にして、「不信仰」というステレオタイプで一括りに表現してしまう問題を表すために選びました。また、キリスト教的な宗教的表現も、その問題を感じやすくするために、意識的に用いています。

「神は私たちと共に戦われる。」大司教が興奮して言いました。神が選ばれた民を導き、守られることに何の疑いがあるでしょう。「神は異教徒たち、不信仰なイスラム教徒たちを選ばれた民の手に渡される。立てよ、いざ立て、主の兵。[20]」大司教が続けました。「見ずや、み旗のひるがえるを。すべての仇を滅ぼすまで、イエス君は先立ち、行かせたまわん。」教会は、「アーメ」と応える大きな声で満ちました。私は、一番最初にご聖体を受けました。

　ミサの後、大司教が、お母さんと死んだお父さん、そして私自身のために免罪符[21]を書くと約束して下さいました。素晴らしいニュースでしょう。私のことを自慢しても良いですよ。

　思い出すのは、私たちの部隊が司教の祝福を受けて大聖堂前の広場を出発した日、とても心配していたお母さんの顔です。ヴェネツィアから聖地迄の船旅は、それはひどいものでした。小さな船に兵士たちが詰め込まれて、息も出来ない位、狭苦しかったのです。戦場の光景は想像を絶する程すさまじかったのですが、今日の素晴らしさに比べれば、そんなもの、ものの数ではありません。

　無事ですから、心配しないで下さい。それに、私は神に愛され、

14　詩編一二二：三。

15　申命記一二：五、一一。

16　マルコ一一：一～一一（並行）。

17　列王記下二五：一～三。

18　申命記二八：四七～五七、列王記下六：二六～二九、哀歌二：二〇、四：一〇。

19　賛美歌「立てよ、いざ立て、主の兵」で「み旗」と歌われていることに基づいています。

20　直前に歌った賛美歌の歌詞（できれば、初行）をここで引用します。それは、戦争に由来する言葉で「信仰の戦い」について語ってきたことを思い起こさせ、

守られているのですよ。

お母さん、いつもお母さんのことを思っています。一日も早く帰って、お母さんに会うことができますように。体には充分気を付けて下さい。[22]

あなたの息子、アントニオ

アントニオ
手紙をありがとう。無事な様子、ほっとしています。
手紙と一緒に、エルサレムを占領したというニュースがこちらにも届きました。私たちの町の司教は大変喜んで、家を訪ねて下さいました。次の日曜日には感謝のミサを捧げる予定だと言って、私を招いて下さいました。「大変名誉なことです。どうか最前列に座って下さい。」とおっしゃって。
ニュースはすぐに広まりました。近所の女性たちがお祝いに来てくれましたし、友人達、親戚達、それに、ほとんど覚えていないような人たちまでやって来ました。訪問客のおかげで、食事を作る暇もなかった位です。あわただしく、ミサの行われる日曜になりました。

それによって、戦争そのものを肯定するようになってしまってはいないかとの省察を促すためです。

一九九二年に英語で書いたときは、賛美歌〝Onward, Chiristian Soldiers〟（『讃美歌』（一九五四年版）三七九「見よや、十字架の旗高し」）の初行と一、二節の言葉を引用しました。この賛美歌を選んだ理由は、以下の三つです：一．この賛美歌がアメリカではよく知られたものであること、二．初行が「進め、キリストの兵士たちよ」と、直接に「兵士」に言及するものであること（日本での「再演」においては「立てよ、いざ立て、主の兵」を使ってきましたが、それは、その初行が、直接に「兵士」に言及するものだからでミサは、それはそれは美しく、盛大に行われました。聖歌隊が特別の合唱[23]をしました。でも、その美しい音楽の間、その後もミサの間中、私が何を思っていたか、分かりますか。キリスト教徒、イスラム教徒両方の兵士の母親たちのことを思っていたのですよ。母親たちは、息子たちのことを案じているに違いないのです。[24] 分かりますか、この私もそういう母親の一人なのです。私が自分の息子のことをいつも案じているように、どの母親も自分の息子のことを心配しているのです。そして、どれほど多くの期待や望みが裏切られ、これからも裏切られてゆくことでしょう。私は、他の母親たちの悲しみや嘆きを感じて、悲しくなっていました。ミサは美しく、晴れの機会になる筈だったのに。

司教の説教は、ダビデがいかに祝福されていたか、恵み深い神がどのように敵をダビデの手に渡されたか[25]についてでした。ダビデは神のためにエルサレムを征服し、そこに神殿を建てようとしました[26]。同じ神が、今も働いていて、エルサレムを本当の信仰者に与えて下さった、という説教でした。

私はようやく分かったような気がします。神がダビデの手から神殿を受け取るのを、どうして拒まれたのか。都は武力によって

す）、三．メソジスト教会の賛美歌集 *The United Methodist Hymnal*（一九八九年）が戦闘的な言葉を用いる賛美歌を収録しないという方針で編集されたにもかかわらず、“Onward. Chiristian Soldiers”という最も戦闘的な歌が、諸教会からの非常に強い要求を受けて、歌集採択と発行のために妥協として収録されたという事実があったから。なお、“Onward, Chiristian Soldiers”にも「旗」の表現が用いられています。

21　「贖宥状」と呼ぶのが正しいのですが、ここでは、一般的な「免罪符」を用いました。

22　宗教戦争、民族戦争の兵士が、しばしば、「よい家

征服されたのです。つまり、兵士だけでなく、多くの人が命を落としたのです。[27] それ以来、都エルサレムで、この都の故に、どれほど多くの人が殺されたことでしょう。「平和の都」[28]と名付けられてはいますが、エルサレムは血と憎しみで満ちているのです。[29] 私は殺された人たちの母親のことを考えていました。気が付くと、涙がこぼれていました。

　司教は説教壇から、私が泣いているのを見て、誤解されたようです。ミサの後、司教が私のもとに来て言われました。「あなたは、天の喜びに圧倒されていたのでしょう。ご子息が今やそれにあずかっていますから。」私は何も言いませんでした。簡単にご挨拶して失礼しようとした時、司教は声高らかに言われました。「何と幸いなことでしょう。その息子が天使の群れの喜びであるような女性は。」私はそんな者ではありません。

　アントニオのために、全ての兵士たちのために、母親たちのために、いつも祈っています。もうこれ以上、母親たちが嘆いたり泣いたりすることがないようにと。[30] 神が、一日も早く十字軍を終わらせて下さるように。

　あなたの「お手柄」を余り喜んでいなくてすみません。母親と

族（父、息子、兄、弟）」であることはよく知られています。しかし、そこにこそ、宗教と戦争の困難な関係が表れていると感じます。

23　一九九二年時点では"Te Deum"（「賛美の賛歌」）。この賛歌は戦勝記念などに演奏されることが多いので、ここで用いました。

24　聖書には、女性が敵の殲滅と戦利品を期待している、アイロニカルな記述もあります（士師記五：二八〜三〇）。

25　サムエル記下七：一。

26　サムエル記下七：二。

27　歴代誌上二二：八。

いうものは、いつも違った考えを持っているものなのですよ。私が願っているのはただ、アントニオ、あなたが早く帰って来るようにということだけです。

モニカ

28　ヘブライ語聖書学ではエルサレムの語源・語義は不明とされますが、ここでは、通俗的な説明を使用しています。

29　イザヤ一：二一、二六、五：七、エレミヤ七：五～六、エゼキエル二二章、ルカ一三：三四。

30　エレミヤ三一：一五～一七。

パドゥアのモニカ殿

第三十字軍を代表して、ご挨拶いたします。

誠に残念ながら、ご子息、パドゥアのアントニオは、エルサレム防衛戦のさなか、名誉の戦死を遂げられました。我が軍は撤退を余儀なくされましたが、ご子息は勇敢にも、しんがり部隊の指揮を志願され、死をかけてまで、その職務を立派に果されました。ご子息の死に報いるためにも、全力を挙げて、この聖戦を完遂し、エルサレム奪還に努める所存であります。

同封致しましたのは、ご子息が、先の勇敢な行為により、貴殿と貴殿の亡くなられたご主人、ご子息ご自身のために得られた免罪符です。ご子息は今や、天使たちと共に、煉獄から救い出して下さった神をほめ称えていることと信じます。ご子息が読むことのなかった、貴殿からの手紙も同封致しました。

どうか主が天の望みをもって貴殿を慰められるようにと、祈って止みません。

第三十字軍、第四方面司令官
ヴェニスのアレッサンドロ

あとがき

『関西学院大学神学部ブックレット９』には、第五〇回神学セミナーの内容が収録されています。今回のセミナーは「平和の神との歩み　一九四五〜二〇一五年」と題し、主題講演、平和講演、分科会、学生による発題が、二日にわたって行われました。

主題講演を担当して下さったのは、青山学院大学名誉教授で日本基督教団神奈川教区巡回牧師でいらっしゃる、関田寛雄先生です。関田先生は「平和の神との歩み」と題した主題講演において、学徒勤労動員の実体験、その後のキリスト者としての平和と和解への取り組み、とくに大学教員としての平和活動と牧会宣教との関係について親しく語って下さいました。

平和講演を担当して下さったのは、大阪女学院大学教授でいらっしゃる、奥本京子先生です。奥本先生は、ご自身が取り組んでおられる平和創造のプロジェクトについて紹介され、そののちディスカッションとゲームをとおしてた参加者による平和創出とコンフリクト回避の仮想体験を導いて下さり、平和の創造と維持に対する新鮮な視点を提供して下さいました。

その他、神学部教員によるセミナーは、岩野祐介教授、加納和寛准教授、東よしみ助教が担当し、それぞれ日本教会史における平和運動への参画、新約聖書に見る平和創造の概念、ドイツ教会における平和創出のヴィジョンについて語りました。そして学生からの発題としては、ＳＥＡ

ＬＤｓ関西に所属した学部四回生の大野至君が、同グループの案内と「戦争法案」反対デモの様子を紹介し、若者たちが主導する平和への取り組みについて分かち合ってくれました。そして、水野隆一教授が担当した平和チャペルでは、平和の知らせを携える者の責任について静かに思うときを得ました。

主題講演と平和講演を担当して下さった関田先生と奥本先生には、ご講演をいただいただけでなくブックレットのための原稿をご用意下さり、心から感謝いたします。その他、分科会を担当した神学部教員と学生発題者の諸氏にも同様に感謝します。また、テープ起こしや編集の作業を担当した神学部補佐室の方々、そして出版に協力下さったキリスト新聞社にも心から感謝いたします。加えて創業七〇周年を迎えられたキリスト新聞社の益々の発展をお祈りいたします。

関西学院大学神学部教授
浅野淳博

編集・DTP制作：エニウェイ

関西学院大学神学部ブックレット９
平和の神との歩み
—— 1945-2015年 第50回神学セミナー

2017年３月31日　第１版第１刷発行

編　者　関 西 学 院 大 学 神 学 部
著　者　関田寛雄、奥本京子、東よしみ
岩野祐介、加納和寛、水野隆一
発行所　キリスト新聞社
〒162-0814　東京都新宿区新小川町9-1
電話03-5579-2432
URL. http://www.kirishin.com
E-Mail. support@kirishin.com
印刷所　協友印刷

ISBN978-4-87395-723-4 C0016（日キ販）
Printed in Japan